工藤公康
九重龍二
藤平信一

活の入れ方

GS
幻冬舎新書
719

まえがき

仕事柄、私は多種多様な職種の方とお話をする機会があります。

「どうしたらいいんですかね？」と、近年よく耳にするようになったのが、部下や後輩の育成に関する悩みです。かつては「まったく最近の若い者は……」という一方的な不満や愚痴《ぐち》だったのに、昨今は〝悩み〟へと変化してきているのです。突き放すのではなく、歩み寄ろうとする誠実な姿勢が見て取れます。しかし、どう歩み寄っていいのかわからないのです。

〝迎合〟するなら簡単です。〝物わかりのいい大人〟を演じて「そうだね」「いいね」と、よくもないことを許してしまう。

でも、本当にそれでいいのか？　それでは、育成の質が低下するのではないか？　と、思うから悩むのでしょう。誠実な人ほど、この悩みは深くなります。

加えて、昨今ではハラスメントの問題もあります。ちょっと厳しく指導すれば「パワハラだ」と言われ、正論を説き聞かせれば「モラハラだ」と非難されてしまう。

「もう、いったいどうしたらいいのさ」と、いま、日本中の上司や指導者の多くが「育成の壁」にぶつかり、自信をなくしているように感じます。


じつは私も、答えを模索している一人です。私が会長を務める心身統一合氣道会には約3万人の会員がいます。世界24か国に道場があり、指導者が日々増え続けています。その全員にしっかりと基本を伝え、実践してもらうのが、会長である私の務めです。

私は師匠からかなり厳しく指導をされましたが、方法論だけを見れば、いまは通じません。さりとて、伝えるべきことをきちんと伝えないと、本当に大事なことが体得できないのです。

「これでもか、これでもか」と鍛錬《たんれん》し、突き詰めた中から見えてくるものがあります。

そこにはやはり厳しさも必要なのですが、それをせず、どうしたら心技体を鍛え切ることができるのか。葛藤《かっとう》の中で、よりよい答えを探り続けているのです。

今回、工藤公康さんと九重親方（元大関・千代大海）と一緒に、本書を実現することになりました。言わずと知れた、プロ野球界と相撲界のレジェンドのお二人との鼎談《ていだん》を、私がまとめるという形で本書は進んでいきます。ゆえに、私が勝手に三者の「結論らしきもの」を出すことはしませんでした。本書をお読みいただいた方が、さまざまな話題を通じて、それぞれ感じたことを大切にしていただければ幸いです。

失礼ながら、お二人とも〝異端児〟だと私は思っています。もちろん〝はみ出し者〟とか〝鼻つまみ者〟という悪い意味ではありません。体制に迎合することなく、かといってはみ出すこともなく、自分の信じる道を歩き、立派に結果も残している、という意味での〝異端〟です。そして、その〝異端ぶり〟は、現役を退き、指導者になってからは、さらに拍車がかかったように思います。プロ野球と相撲界という伝統と格式のある世界において、いまの時代に合った指導をつくり上げようとしていることに、強く心を惹かれたのです。

工藤さんも九重さんも私も、それぞれが、まさに〝鬼〟のような師匠に厳しく鍛えられ、心に鬼を宿していることがわかりました。しかし、その鬼は〝仏〟でもあります。

もちろん、気を抜けない勝負の世界に生きていますから、仏とはいえ、甘いだけの育成では成り立ちません。どんな逸材《いつざい》も、放っておけば、ただの原石です。原石を光らせるには、研磨《けんま》するしかありません。擬人化すると、研《と》ぎ石は我が身を削りながら「光れ、光れ」と磨き上げ、ゴツゴツしていた原石はやがて光を放ち始めます。心に鬼を宿しながら仏にもなり、仏を宿しながら鬼にもなる。仏と鬼は、表裏一体なのです。

日本語には「活を入れる」という言葉があります。工藤さんは選手に、九重さんは力士に、私は指導者に活を入れています。「活を入れる」とは本来、気を失った人の息を吹き返させることであり、そこから転じて、「人を元気づける・活かす」という意味で用いられます。

昨今、表現として「喝を入れる」がよく用いられていますが、じつはこれは誤用です。「喝」とは大声のことで、大声でおどすことになってしまいます。現代における「活の入れ方」こそ、本書における大きなテーマの一つです。とことん３人で議論を交わすことになりました。

その結果、この鼎談はまさに〝学びだらけ〟となりました。共通点が多かったためか、おたがいが胸襟《きょうきん》を開き、「そんなこと話して大丈夫？」という本音や驚きのエピソードも飛び交いました。自分を追い込んだ現役時代の話、頑強な体をつくるトレーニング、ケガとの向き合い方、指導者に転身して知った葛藤、育成の悩み、いまどきの若者との距離の縮め方など、話は多岐《たき》にわたりましたが、至るところに珠玉の言葉がありました。お二人の言葉の一つ一つはどれも重厚で、実体験から得られた真実の確かさを感じずにはいられません。

育成に悩む方、自分をさらに高めたい方、ここ一番で強くなりたい方、プロ野球ファン、相撲ファン、アスリート、合氣道を稽古する方、さまざまな方にとって気づきの多い本となることを願っています。

心身統一合氣道会　会長　藤平信一

活の入れ方／目次

第3章　素質の壁を越えていく　97

構成 山城 稔
企画・編集 木田明理
ＤＴＰ 美創

第1章 鍛錬とハラスメントのジレンマ

厳しい指導は悪なのか

工藤さん、九重さん、私の３人には、さまざまな共通点があります。

その一つが、とても厳しい指導者の下で育ったということです。

このような話をすると、私たちの世代より上の方には興味を持ってもらえるのですが、若い世代はとたんに意気消沈してしまいます。「厳しいのは悪」という風潮があるからです。

しかし、あえて冒頭でこのような話をするのには、理由があります。それは、厳しいことは本当に悪なのか、ということを検証する必要があると思うからです。

ひと口に「厳しい」と言っても、そこにはさまざまな厳しさがあります。目的も方法論も違います。もちろん、許してはいけない厳しさもあるでしょう。体罰や暴言などとは、明確に区別されるべきです。しかし、それらをすべて十把《じっぱ》ひとからげにして「厳しいのは悪」と断じる現代の風潮は、逆に乱暴なような気もするのです。

厳しいとは何なのか？　何のために厳しくするのか？　厳しさの結果、何を得て、何を失うのか？　そうした大局的な観点から検証してみる必要があると思ったのです。

幸いにも、工藤さんも九重さんも、その検証には格好の存在だと言えます。

理由は二つあります。一つは、厳しく指導された結果、いわゆる〝レジェンド〟と呼ばれるまでになった方だからです。

もう一つは、指導者としては、厳しさに頼らない育成法を模索しているからです。

プロ野球も相撲も、甘さが命取りになる世界です。気を抜いて活躍できるほど甘くはありません。自分を厳しく追い込んで、初めて成立する世界なのです。

いまは厳しい指導をすれば「パワハラだ」と言われ、正しさを押し付けようとすれば「モラハラだ」と言われるようになりました。でも、伝えなければならないことはあるはずなのです。

そこで、厳しさの神髄《しんずい》を身に刻んで知りながら、いっぽうで、それに頼らない育成もしているお二人と話しながら「厳しさは悪なのか」という検証を深めてみたいと考えました。

まずは、九重さんに、どのように厳しい世界で育ったのかを、ご自身の口で語っていただこうと思います。イメージ的に、相撲界は「汗まみれ」「泥まみれ」で鍛えられているる印象がありますが、中でも九重部屋の稽古《けいこ》の厳しさは、よく知られています。そこは本当に悪しき世界なのでしょうか。

ハラスメントが当たり前の世界――〈九重親方の話〉

「相撲界が他のプロスポーツと根本的に違うのは『○○部屋』という制度に表れています。チームではなく部屋ですから、稽古場から生活の場まで、すべてにおいて厳しいんです。

しかも、師匠《ししょう》は九重（元横綱・千代の富士）ですから。あの顔を思い出してみてくださいよ。あの目でグッと睨まれたら、普通の人なら金玉が縮み上がるかもしれません。その師匠の目が、部屋には常にあるわけですから、それは厳しいに決まっています。

ご存じの方もいると思いますが、現役時代、俺は『ツッパリ大関』と呼ばれていました。相撲のスタイルが突き相撲だったためですが、入門前に〝やんちゃ〟をしていたことも影響しているのでしょう。ＳＮＳにはいろいろな〝武勇伝〟が出てくると、弟子から聞きました。『小学校5年で体重が100キロあり、家の前にタバコを捨てた高校生に怒り、投げ飛ばした』とか『中学では街の不良を片っ端からぶっ飛ばし〝大分の龍二〟という名が九州全域に轟《とどろ》いていた』とか『中学卒業後はとび職に就き、九州一の暴走族を率いて、やくざからもスカウトされた』などと書かれているそうですが、まあ、おおむね本当のことです。

かなりやばいやつも相手にしていたし、修羅場《しゅらば》も潜り抜けてきたけど、師匠に会った瞬間『あ、この人には殺される』と思いましたね。眼だけで殺されそう（笑）。いままで見てきた〝その筋〟の人たちとはまったく違うオーラがあったんです。たとえるなら、柵のない状態でライオンと遭遇《そうぐう》したような。師匠は当時、現役を引退して1年ほどでしたから、体もごつくて、目つきも鋭い。『やっぱりすごいな、千代の富士は』と圧倒されましたね。

で、俺の目を見て『あんちゃん、何しに来たの？』と聞くんです。『相撲界に入りたいです』と言うと、『どうして？』と聞かれ『親孝行がしたい』と答えました。その瞬間、眉間《みけん》のしわがスッとゆるんで、ニコーッと笑う。『この子は頑張れそうだね』と言われたその言葉の響きが優しくて、もう一瞬で心をつかまれました。

　でも、次に出た言葉が『まずは、その頭をどうにかして来い！』でした。俺的には不良の礼儀で、金髪に剃り込みのリーゼントをバシッと決めて、挨拶をしたつもりだったのですが、まさかのＮＧ。なので、いったん大分に帰って頭を丸め、翌日にもう一度、挨拶に出向いたんです。すると、師匠は『剃ることはないだろ！』と叱りながら、うれしそうな顔をしてましたね。その瞬間、『よし！　この人の下で、俺は生まれ変わろう。いままでの自分は死んだ。これからは新しい自分になるんだ』と、肚《はら》が決まったんです」

それはハラスメントか？　愛なのか？

　眼だけで殺されそう、というのは、とんでもない厳しさですよね。

「頭をどうにかして来い」と言われて、頭を剃って来るのも、いまこれを学校でやったら、大問題になりそうです。でも、九重さんの話からは、ハラスメントのにおいは微塵も感じられません。

なぜか？　おそらく「この人の下で、俺は生まれ変わるんだ」という言葉が示す通り、主体が自分にあるからだと思います。

ところが、暴力や暴言は、これとは正反対です。主体が指導する側にあるのです。体や精神を痛めつけることで、相手を自分の意のままにコントロールしようとする。つまり、主体は指導者にあると言えます。この〝主体性がどこにあるか？〟ということは、「厳しさは悪か？」を検証するうえで、とても重要なポイントになると思うのです。

この項目の見出しである「ハラスメントか？　愛なのか？」への答えは、簡単に言えるものではありません。ですが、やはり厳しさの中に「相手をコントロールしよう」という意図が隠れていれば、受け手は「パワハラだ」と感じるし、「相手を成長させよう」という想いがあり、それが伝わるなら「愛だ」と感じるのではないか、と思うのです。

さて、工藤さんの場合はどうだったのでしょう？

愛工大名電高校を卒業し、工藤さんは西武ライオンズに入団します。甲子園でも活躍した選手ですが、じつは高校に入るまでの野球人生では、そこまで厳しさを感じなかったそうです。もちろん、厳しい練習もあったはずです。しかし工藤さんは、それを感じないのです。

なぜか？　やはり主体性が関係しているようです。工藤さんの話を聞いてみましょう。

「自問自答」で自分を鍛える強さ――〈工藤さんの話〉

工藤さんは、少年時代と野球とのかかわりについて、次のように話しています。

「幼少期、私の家は貧しく、お金を巡って両親が喧嘩《けんか》することもしょっちゅうでした。服も買ってもらえず、4番目だった私は、ほとんどが兄のお古。新しい服を着たいと言うと『そんなお金がどこにあるの！』と怒られたことをいまでも思い出します。

だから、子ども心に一つの〝誓い〟を立てたんです。

自分に子どもができたら、一人一人に新しい服を買ってあげられる父親になる、と。

これが私の、プロ野球での〝原動力〟になっていると思います。

そもそも野球は、父に強制的にやらされました。なのに、父は何も教えてくれません。

だから自分で考えてやるようになりました。野球はあまり好きじゃなかったけど、どうせやるなら『楽して遠くに投げる方法はないか？』『どうすればうまくなれるか？』と、答えを自分で探すようになったんです。

プロ野球選手になれば、誓いを実現できるとも考えました。そのためには、父なんかに教えてもらわなくても、最高の技術を持っているプロの真似をすればいい。そう思い、家では日々、プロの真似を続けました。本屋さんで『週刊ベースボール』を立ち読みし、後ろに付いている投手や打者の分解写真を目に焼き付けました。解説もすごく参考になりました。『どうすれば？』と考えながらやっているので、解説の理論がすごく入ってくるんです。

ですから、私のフォームは、プロの真似の上に出来上がったものだと思います。

中学でも野球は誰にも教えてもらえませんでした。部活の先生はハンドボールが専門でしたから。人の動きを見て『何がすごいのか』『どうすごいのか』『なぜすごいのか』を考え、それをイメージして練習に取り入れる。『でも、こうしたほうが動きやすいよな』とか考えて、自分なりに工夫もしましたね。

『高校は厳しかったでしょ』とよく聞かれますが、そんなことはありません。教えてもらったのは、一つか二つ。ほとんどは、自分で考え、取り入れるようになったんです。その思考は、基本的にはプロ野球に入ってからも同じです。でも、プロはとんでもない世界でしたね。レベルの違う人間がゴロゴロいます。鬼のような師匠もいましたしね(笑)。そこで初めて私は〝厳しさ〟に直面します。〝生き残り〟をかけた本当の厳しさでした」

100メートルダッシュ100本って意味ある?

なるほど。工藤さんは、自分で自分を鍛えたわけですね。流れるような美しいあのピッチングフォームも、プロの手本を真似て自分で考えたというから、驚きです。

工藤さんの話を、もう少し聞いてみましょう。

「西武での練習は想像を絶するものでした。いまなら、それを見た人が『いじめだ、シゴキだ』と騒ぎ立て、SNSで炎上するかもしれませんね。当時、キャンプが始まる3週間前、1月10日は〝球団主導の自主トレ〟が行われていました。

１００メートルダッシュ×１００本。これがウォーミングアップです（笑）。終えると足が動きません。そこにコーチが優しい声をかけてくれます。

『よく頑張ったな。明日は半分の本数にしてやる』と。翌日、本当にその通りになります。

２００メートルダッシュ×50本。たしかに本数は半分になりましたが、総距離は同じ。っていうか、さらにきつぃ（笑）。ただし、これはウォーミングアップです。そこから全体練習を行い、投手はピッチング1時間、ランニング1時間、強化1時間を行います。クールダウンでもコーチはストップウォッチを持っており、タイムトライアルなんです。

当時は『何でこんなことをしなければいけないんだ』と、不平・不満を抱えながらやっていました。もちろん、文句を言ったところでどうにもなりませんから、耐えるしかない。ほぼ強制的にやらされていた練習です。

ただし、そのときにはわかりませんでしたが、後になって気づくのです。この練習こそが、その後の野球人生につながっていたのだ、と。

この練習によって球が速くなったわけでも、変化球を会得できたわけでもありません。

でも、プロとして生き残っていくための最も大切なことが身に付いているのです。

なにが身に付いたのか？　ひと言で表すと〝基礎〟です。

ケガをしにくい体になった。反復練習に耐えられる体になった。そして、頭で考える前に瞬時に反応できる神経がつくられたのです。

これが『常勝西武』と言われた秘密です。広岡達朗監督は『管理野球』などと言われ、厳しいことで有名でしたが、それは事実の一側面をとらえただけです。広岡野球の根底には、徹底的な基礎づくり、土台づくりがあることを、私はこの身に刻んでいるのです」

最低ラインは１０００回

九重さんも、同じようなことを話しています。

「力士の基本は〝四股《しこ》〟だと言われます。『四股なんて踏んでも強くならないだろ』と思うかもしれませんが、そんなことはありません。工藤さんがやった１００メートルダッシュと同じで、土台ができるんです。他の部屋では、だいたい２００回くらい。よく踏む部屋でも３００回くらいです。でも、うちは最低ラインが１０００回なんです。一日１０００回。

よく『強くなりたけりゃ人の３倍や５倍の努力をしろ』って言われますよね。理屈ではわかるんですけど、本当に実践する人は少ないです。だけど、うちの師匠は『それを地でやってみろ』と言う。たとえば、こんなことがありました。

『先場所、お前が負けた相手を考えてみろ。あいつは四股を何回踏んでた？』

『わかりません。調べてみます』と言って、こっそり相手に探りを入れます。『師匠、あいつは１００回でした』と、自信満々に言うと、こう返してくるんです。

『じゃあ、なんでお前は１０００回踏んでるのに負けるんだ？　踏み方一つに気持ちが入っていないからじゃないか？　１０００回の時間を無駄に過ごした、お前の愚かさこそが、負けた原因なんじゃないのか？』と。

腕立て伏せもそうです。師匠は１０００回、２０００回、３０００回とやったそうです。俺らが胸を張って『５００回やりました』と言うと、『馬鹿野郎。それで足りてると思ってるのか？』と。

ホームランの世界記録を打ち立てた王貞治さんは、部屋で畳が擦《す》り切れるほど素振りをして、一本足打法を完成させたという逸話がありますよね。じつは相撲界、というか、うちの部屋にも伝説があるんです。『千代の富士が腕立て伏せをするから、九重部屋の畳は1か月もしないうちに擦り切れる』と。師匠はその当人ですからね。俺にこう言うんです。

『大広間は40畳も50畳もあるぞ。どの畳もつるつるで、きれいだな。お前たち、どういう生活してるんだ。畳がボロボロになるくらい、ふだんの生活も、寝ているときまで相撲のことを考えた〝相撲漬け〟の生活をしてみろよ。そしたら自然に強くなっていくから』と」

数やりゃいいってもんじゃない

工藤さんも九重さんも、数字を伴った厳しさが、一つの基準になっているのですね。

ただし、「単に回数をこなせばいいってもんじゃない」ということも言っています。

それは、工藤さんの師匠である、広岡さんも同じです。

じつは広岡さんは長年、心身統一合氣道を学んでおられます。私の師匠（藤平光一）のときからですから、もうかれこれ60年以上になるでしょうか。91歳になった現在も、学び続けておられます。つい先日も「少し歩きづらくなったけど、いまできることをやるんだ」と仰って、椅子に座り、スクワットを始めました。何回やられるんですか？と聞くと、「一日500回はやりたいね」と。驚きました。工藤さんの話では、選手を厳しく鍛えたそうですが、ご自身にも厳しい、というか妥協がないのですね。

工藤さんは、この〝妥協しない〟姿勢について、次のように話してくれました。

「お前ら、ただやってるだけじゃダメなんだよって、監督（広岡さん）は言うんですね。でも、若かった私たちは、どうしていいかわからない。〝一生懸命にやってます〟ってフリをしても意味ないですからね。だから黙ってたら、監督がこう言うんです。『ファーストベースにカバーに行くのに、目をつぶって全力で走り、ベースを踏めなきゃダメだ』って。

そんなのムリって思いましたね。だって、投手と内野手の連係プレーって、私たちは小学校からずっとやってきてますから。目をつぶってなんてできるわけがない、と思うわけです。すると、監督が言うんです。『工藤、お前いま、できるわけないって思っただろ？　そうやって、頭の中で、できないって思っているうちはできないよ』と。

で、とにかく毎日、ベースを見ないようにしてカバーに入る練習をする。『たぶんこの辺だろう』と言いながら失敗して、『じゃあこの辺か？』と失敗して。でも、何日も何日もくり返しているうちに距離感がつかめてきて、『あ、この辺だ』と思ってポンと踏んだらベースがあるんですよ。不思議とできるようになるんですね。

それで気づくんです。頭で理解しているうちは、まだまだなんだ。体で覚えることが、プロとしての技術を身に付けることになるんだ、と。それには、単に回数をやるのではなく、考えながら、感覚を研ぎ澄ませながらやる必要がある。あと、やっぱり『できない』って思ったら、できないんですよ。監督は、それを無言のムチャぶりの中で教えてくれたんです。こうやって、技術が体の中に入ると、緊迫した場面でも、ミスが出なくなるんです」

くどくどした説教より、心に火をつける

先代の九重親方（元・千代の富士）も、広岡監督も、結局は同じことを言っているわけです。

「負けるのは（できないのは）、鍛錬の質が悪いからだ」と。

しかもそれを、くどくどと〝お説教〟によって伝えるのではなく、自分でわからせるように仕向ける。

伝え方について、九重さんは、次のようなエピソードを披露してくれました。

「師匠は、決して厳しい言い方じゃないんです。もちろん、あの顔で、あの眼力で、眉間にシワを寄せながら話すから、震え上がるほど怖いんですけど（笑）。でも、なんていうか、愛のある中で、ズドンと胸にくる重い言葉を投げてくるんです。

あるとき、師匠は俺に、こんな言葉をかけてくれました。

『入門当時、俺は60キロしかなかった。その俺が、大関になって横綱になったんだ。お前は入門したときから１２０キロもあるじゃないか。そんな恵まれた体を持っているお前なら、もっとできるだろ。俺だってできたんだから、お前ならできるはずだろ。

俺は田舎で陸上競技しかしていない。でも、お前は柔道も空手もやってきた。俺なんかより、よっぽどすごいんだ。だから、できる。努力を怠るんじゃない』と。

こんな話を、あの大横綱からされたら、泣いちゃいますよ。そりゃあ、自分を厳しく追い込まなきゃならなくなる。そうだ、俺はここに遊びに来たんじゃない、と改めて思い返しましたね。厳しい世界にいると、初めの志とか熱い想いみたいなのは、薄れるときがあるんです。師匠は、それを見逃さない。ああ、とんでもない世界に来ちゃったなあ、とも思ったんですけど（笑）、でもその厳しさは、俺にとっては励みでしたね」

「無言の圧力」という見守り方

いまはハラスメントを恐れ、コミュニケーションに悩んでいる上司が大勢いるようです。しかし、伝えるべきことをきちんと伝えないと、よくならない。「伝え方」に関する本が大ヒットしているのは、多くの人が伝え方に悩んでいることの証《あかし》かもしれませんね。

〝名将〟は、どんな伝え方をしたのか？　パワハラという言葉もなかった頃の話ですが、工藤さんが広岡さんの伝え方について、とても興味深いエピソードを教えてくれました。

「私たちのときには、いわゆるオフ（ポストシーズン）がなかったんです。シーズン後は12月27日まで練習して、1月10日から球団主導の自主トレが始まります。寮生活をしている若手も、その期間は帰省します。もちろん私も実家に帰ってのんびりしていました。

　で、1月4日の朝、スポーツ新聞を見ていた親父が、私のところにすっ飛んできました。広岡監督のコメントが載っていたんです。

『3日まで帰ってこない寮生がいる。やる気のないやつは帰ってこなくて結構だ』と。

　全身から汗が噴き出ました。『親父、戻るわ』と言って、そのまま新幹線に飛び乗り、東京駅に着くと、同僚がいました。『見た？』『うん、見た』と話して、あとは無言です。山手線に乗って池袋駅に行き、西武線に乗り換えると、そこにもいます。『見た？』『うん見た。やべえよな』と。結局、西武球場前駅に着くと7人いました（笑）。

　全員で走って寮に帰ると、広岡監督が仁王立ちしています。私たちが挨拶しても無言。っていうか、ガン無視ですね。『どうする？』『練習しないとまずいだろ』『とりあえずユニフォーム着て外に出ようぜ』などと小声で話し、急いで着替えてグラウンドに出ます。

そして、アップしてキャッチボールをやりだしたら、監督はクルマに乗ってビューンと帰っていく。練習を終えて、『明日も監督来るかな？』『いや、もう来ねえだろ』『来ると思うよ』なんて会話をしながら『でも、来たらやばいから9時から練習始めようぜ』と決めて、翌朝グラウンドに出ます。すると、9時半にビューンとクルマで来るんです。

でも、監督はやっぱり無言。で、私たちが練習しているのを2時間くらい見て、またビューンって帰っていく。もう、むちゃくちゃですよ（笑）」

いまでは〝名将〟と言われる工藤さんにも、このような時代があったんですね。何とも微笑ましい限りですが、かなりのプレッシャーだったことは間違いありません。

まさに〝無言の圧力〟ですね。工藤さんは、こう言います。

「監督は、銀縁のメガネをかけているんですけど、パッと見られた瞬間に、背筋がビシッと立ちますよ。メガネの奥の目が『すべて見透かしてるぞ』と静かに光ってる。当時の西武球団の堤オーナーと広岡さん。いままで、いろいろな人にお会いしましたけど、背筋が伸びるのは、このお二人です。広岡さんの前では、私はいまでも直立不動です(笑)」

必勝法と必敗法

工藤さんや若手の面々からすれば〝無言の圧力〟なのかもしれませんが、広岡さんからすれば「見守っていたんだよ」となるかもしれません。

いずれにせよ、プロの世界は〝生き残り〟をかけた厳しい世界です。このときの広岡さんの心を代弁するなら、次のような感じでしょうか。

「スタートで出遅れるな。みんなが集まれば、嫌でも競争になる。鈍《なま》った体でトップギアに入れたら、体が壊れるぞ。その前にしっかり体をつくっておけ。その上で切磋《せっさ》琢磨《たくま》せよ。それがチームの強さにもなる」と。

無言を貫いたのは、それを口にすれば、自分で気づく機会を奪ってしまうからに違いありません。つまり、愛のある厳しさなのです。

100メートルダッシュや、ベースを見ないベースカバーもそうですが、こうした練習に取り組む姿勢なども、やはり〝プロとしての基本〟です。そして、この〝基本の習得〟が最も厳しく、最も大切なことだと言います。

工藤さんは、さらに西武ライオンズにあった〝必勝法・必敗法〟という考え方も教えてくれました。

「基本ができていれば応用はいくらでもできるんです。捕ることに関しても、投げることに関しても、みんなそれができていないから、エラーが起こったり、ミスが起こったりする。その一つのミスによって負けていくんですよ。これは広岡監督もずっと言ってました。

私たちの野球界には〝必勝法・必敗法〟というのがあるんです。必敗は、必勝の裏返しなんですけど。たとえば、必勝法は、ベースカバーがちゃんとできていれば負けないよ、必敗法は、ベースカバーをミスすれば負けるよ、という反対のことなんです。そういうのが、だいたい70個ある。広岡監督は、それを紙に全部書き出して、選手に渡すんです。

で、ミーティングのときとかに『工藤、読め』と名指しされて、1個ずつ最初から読まされる。これだけならいいんですけど、『これはどういうシチュエーションで、どういうことを言ってるんだ？』と質問が来る。先輩もコーチ陣もいる中で聞かれるので、頭が真っ白ですよ。そもそも、これまで野球をやってきて『どうやったらうまくなるか』は考えてきたけど、『なんでそれが大事なのか』なんて深く考えてきませんでしたから、答えられません。

『わ、わ、わかりません。すみません』と言うと、『わからんのか！　じゃあ○○、説明してやれ』と先輩が名指しされて、説明してくれる。足りないところは広岡監督が補足する。私たち若手は、そんな恥ずかしい思いをしたくないから、必死でメモを取る。

こうやって『基本とは何か』『ミスはどんなときに起きるのか』『どうやったら野球は負けるのか』『どうやったら勝てるのか』ということを1年目から教えていただきました。それを何年もやっているうちに、自然に体に染み込んでいくんです」

鬼になる覚悟

工藤さんと九重さんのお話からも、〝基本〟というのはくり返していくうちにどんどん大きく、堅固《けんご》になっていくことがわかります。

基本は、一度身に付けたらそれでよいわけではありません。常に確認し、乱れたら修正し、不足を感じたら補足する。そうやって、どんどん盤石《ばんじゃく》になっていくのです。

工藤さんと九重さんの師匠（広岡監督と元・千代の富士）がすばらしいと思うのは、お二人とも〝基本〟を技術面だけに絞っていないところです。よく「心・技・体」と言われますが、この三つすべてに通じる基本を教え込んでいるところでしょう。それこそ、身に染み込ませるように、丹念に教えています。

普通の上司なら躊躇しそうなことも、恐れずに貫いていく。そこには、指導者としての〝覚悟〟が見られるのです。

以前、広岡さんとお話ししたときに、次のような素敵な言葉をお聞きしました。

「指導者が正しい方法を学び、それを根気強く教え、導けば、人は必ず育つ」と。

これが広岡さんの信念だと仰るのです。広岡さんは、ご趣味で、蘭《らん》も育てておられますが、それは人育てに通じるところがあるといい、次のようなことも教えてくださいました。

「本当に良い蘭はなかなか育ちません。たとえば異なる地域の蘭は、新しい生育環境に慣れるまで時間がかかります。芽を出し、きれいな花が咲くまで何年もかかります。焦ってはうまくいきません。辛抱強く育てるしかないのです。

野球も一緒ですよ。コーチがいくら適切な指導をして、選手が理解しても、結果はすぐ出るものではありません。数か月でも足りない。何年もかかるんです。何年間も、毎日毎日うるさいほど指導して、ようやく良い花が咲く。良い選手ほど、そういうものだと思います」

なんとも深いお話です。工藤さんが〝鬼だ〟と言った広岡さんの〝厳しさ〟の裏には、こういう深慮があったのです。

焦って結果を求める上司ほど、部下をコントロールしようとします。そして、思いのままに動かしたいがために、強制力を用います。そういう指導者にとって、暴力や暴言は、最も手っ取り早い手段なのでしょう。体や心を痛めつけることで、強制力を発揮できますから。

ただし、そういった厳しさでは、一時的な成果は上がっても、人は育ちません。工藤さんや九重さんが育った〝厳しい環境〟は、これとはまったく別物なのです。

この違いを深く理解していただくために、少し私自身の話をお伝えします。

無理強いしたら相手の心は抵抗するだけ――〈心身統一合氣道の話〉

私は心身統一合氣道という武道を国内外で指導しています。

心身統一合氣道は「武道」ですが、「格闘技」ではありません。何が違うのか？　目的が違うのです。

格闘技はルールに基づき相手を倒すことを通じて、精神的にも、肉体的にも鍛えられます。

これに対し、心身統一合氣道は「いかに相手と争わないか」が主な目的です。「武道」とは「戈《ほこ》（武器）を止める道」と書きます。〝争わない〟というのは、争いから逃げることではありません。自分の中に争う心を起こさないこと。相手に争う心を起こさせないことです。

その結果、相手と争わずに済むのです。そのために求められるのは、自分を厳しく律することです。そして、自分を律するには、強い心と強い体でなければなりません。このために厳しい鍛錬が必要なのです。

合氣道は武道の一つです。合氣道は、相手の関節をひねったり、投げたりするイメージがあるでしょう。しかし、心身統一合氣道では、この奥にあるものを大事にしています。

たとえば、相手に乱暴なことをしようとすれば、相手の心は必ず抵抗します。ひとたび相手の心を抵抗させてしまうと、投げるのは至難の業です。自分より力が強い相手や体の大きな相手を投げることなど、到底できません。

相手の心を抵抗させないためにはどうするか？　それにはまず、相手の心の状態をよく知ることです。つまり、相手のことを理解することです。理解できなくても、理解しようと努めることです。こうして、相手の心を尊重し、相手の心の向く先に導くからこそ、投げることができるのです。

無理やり、力ずくで投げているわけではありません。相手が行きたい方向を尊重し、相手を導いているわけです。

工藤さんや九重さんの師匠がやっていたことも、これと同じです。厳しい鍛錬をしていますが、無理やりやっているわけではありません。師匠は厳しい環境をつくり、その中で本人が主体的に自分を追い込んでいく。これが「人が育つ厳しさ」なのです。上司の都合を押し付ける「パワハラ的な厳しさ」とはまるで違うことがおわかりいただけるでしょう。

力で人は動かない。力で動かせばゆがみが出る

人を動かすのは「力」ではありません。

しかし、上司と部下など、上下（あるいは主従）の力関係があると、人は「力」で相手を動かそうとします（以下の文章の「部下」「上司」「企業」の部分を、スポーツ関係の方は「選手」「指導者」「チーム」に置き換えて読んでみると、ピタリと当てはまるかもしれません）。

部下は基本的に、上司から命じられたことは、心が向いていなくてもやらなくてはい

けません。昨今も、それが原因の企業の不祥事《ふしょうじ》が後を絶ちません。上司から脅されて不正に加担させられたり、人事を盾《たて》に嫌なことを無理強いされたりする部下もいることでしょう。

会社や組織には、大なり小なり力関係があります。このため、その力関係をいいことに、人を力ずくで動かすことが当たり前になっている組織がたくさんあるのです。

力関係があれば、一時的には、相手を自分の意のままに動かせるかもしれません。でも、相手は表面では従っていても、心の中では抵抗しています。そして、いつか必ず、それは行動になって表れてくるのです。

ふだんおとなしい人が突然キレたり、心を病んだりする背景には、日頃から、力で押さえつけられていることが少なくありません。

つまり、力だけでは、本当の意味で人を動かすことはできないのです。などと偉そうに言っている私も、以前は、無自覚に人を力で動かしていました。

かつて、私は内弟子を育成していました。内弟子は将来、人を導く指導者になるため、人間性を養わなければなりません。このため、技だけではなく、日常生活の細部にわたり、指導をします。たとえば、「期限を守る」というのも、その一つです。

期限をどうでもいいと考える人間とは一緒に仕事はできません。それでは人から信頼されず、指導者としても不適格となります。

当時、内弟子の中に、期限を守れない者がいました。注意しても、なかなか改まらない。私は彼に対して、どんどん厳しい言葉をかけるようになり、期限を守らせることに躍起《やっき》になりました。しかし、彼はまったく変わりませんでした。

そんなあるとき、私は師匠の藤平光一に呼ばれ、こう言われました。

「お前は期限を守らない内弟子が悪いと思っているだろう？　だが、わしから見れば、お前のほうがもっと悪い」と。

「はい」と返事はしたものの、師匠の言葉を理解できませんでした。しかし、あるときにハッと気づきました。私は「教育」ではなく「強圧（教圧）」をしていたのです。

私は「期限を守る」ということを無理強いし、彼の心は無意識のうちに、それに抵抗していたわけです。私は「なぜ彼が期限を守れないのか」ということを理解しようとせず、一方的に自分の言いたいことを押し付けていただけなのです。しかも、「期限を守る気がないならば内弟子をやめさせる」と力関係を持ちだして、力ずくで相手を変えようとしていたのだから、最悪です。現代においては、これはパワハラです。

その後、私は彼がなぜ期限を守れないのか理解しようと対話を重ねました。「期限を守らないのはけしからん」という結論を前提に話をすると、相手のことは理解できません。しかし、こちらが真っさらな状態で話を聞くと、期限を守らない理由がわかってきました。彼は時間の奥行きをつかむことをひどく苦手にしていて、複数のことが同時に起こると、優先順位を決められず、まず目の前のことを優先していたのです。そこに悪意はまったくありませんでした。そこで、まずは一緒にスケジュールを立てる訓練を行い、何にどれだけ時間がかかるかを想定できるようにしました。すると、期限を守れるようになりました。「期限を守らないのはけしからん」というだけでは事態は悪くなる一方でしたが、対話によって本当の問題点が明らかになり、改善に向かい始めたのです。

私は彼の表面的な行動だけを見て、その奥にあるものを見ていなかったわけです。彼の氣を感じられなかったのですから、導けなくて当然です。自分の未熟さを思い知りました。

氣を入れれば目覚まし時計なしで起きられる

氣などと言うと、何だかとたんに〝怪しい〟と身構える人もいるかもしれませんね。でも、氣は、みなさんの日常生活にも深く浸透しています。たとえば、日本語には「気」を含む言葉が多数あります。元気、病気、やる気、気が合う、気が進む、気が置けない。スポーツの世界にいる人は「気合いを入れろ」などと、活を入れられたことも多いでしょう。

九重さんが、気合いについて、面白い話をしてくれました。

「相撲部屋は朝が早いんです。早朝から稽古が始まりますから。若い衆は、朝4時に起きるのですが、じつは、目覚まし時計を頼らないのです。

どうやって起きるのか？　と思うでしょ。気合いで起きるんですよ（笑）。

『4時に起きると思って布団に入れば起きられる』って教わるんです。最初はそんなこと無理だろうと思ったんですけど、1か月くらいで完璧にできるようになります。もちろん、最初はできないから、兄弟子に叱られます。『だらしなく寝てるからだ。気合いが入ってないいんだよ』と言われる。すると、そのうち、3時55分にパッと目が覚めるようになるんです（笑）。不思議ですよね、いまは念の為にアラームをかけて寝ますけど、それでも必ずその前に目が覚めますね」

じつは、私の師匠の藤平光一も同じことを言い、同じ訓練をさせられました。

「ちゃんと氣を通しておくと、起きられるようになるから。ただ寝てるから起きられないんだ」と。思わぬところに共通点がありました。

何ごとにおいても気を入れる

先代の九重親方は、やはり気持ちを込める、気を入れるということを大事にしていたのでしょう。そのことについても、九重さんが答えてくれました。

「そうですね。朝起きてから、夜寝るまで、本当に気を抜くところがないです。掃除もそうですし、食事の準備もそうですし。相手のことを思ってやらなければなりません。部屋に来られるお客さま、後援者のみなさまに気を配らなければなりません。先輩の雑用にも気を使い、気を込めなければなりません。気を抜いたらわかるんです。

一つ一つの物にも気を込める。たとえば、食事の後の洗い物でお皿を割ってしまうことがあります。考え事をしていたり、嫌々やっていたりすると、やはり割りやすいんです。で、おかみさんに報告に行くんですけど、それを言うのが本当に苦痛で……。あるとき、コップを割ってしまい、それをごまかそうとして、なけなしのお金で同じコップを買ったんです。でも、すぐにばれました（笑）。それで、師匠に呼ばれます。『お前、何かしただろ？』『はい、すみません。昨日、コップを割りました』『何で言いにこないんだ』と叱られる（笑）。もうね、全部見透かされちゃうんですよ。だから本当に気が抜けない。気が抜けたり、気持ちが切れたりすると、戒められる。実際に失敗もやらかしますしね。だから、全方位に気を配る。身に付いてくると、自然にできるんですけど、身に付くまでが大変なんです。基本って、そういうものだと思います」

なるほど、九重さんのお話は、何ごとにおいても「気を入れる」重要性を説いています。四股も気を入れて踏まなければ身になりません。一事が万事、日常生活の一つ一つのことに気が入らない者が四股だけ気が入るはずがありません。

武道では礼儀を大切にしています。礼儀を形式的なものとしてとらえる人もいますが、そうではありません。本当に大事なのは、その奥にある「氣」の部分。一つ一つの所作に氣が入っているかが礼儀の根幹です。

心身統一合氣道の道場では、稽古の最初に必ず正面に礼をします。いまこうして稽古ができるということは、心身共に健やかで、経済的にも時間的にも許されているわけです。稽古できることを、天地自然に感謝しているわけです。

次に、稽古をする相手とお互いに礼をします。相手がいてくれるからこそ、技の稽古をすることができます。稽古できることを、相手にも感謝しているわけです。「幸せを感じる」ことと「感謝する」ことはつながっています。形だけの感謝の言葉や行動には、実体がありません。したがって、日々の稽古の礼も実《じつ》がなければいけません。氣が入っていることが大事なのです。

「選手ファースト」という〝まやかし〟

誰だって「厳しい」とか「つらい」ことは避けたいと思います。昨今では、厳しいプロの世界でも、「選手ファースト」と言われるようになりました。

それについて、工藤さんは、次のように言っています。

「プロ野球選手は〝プロ〟として野球をすることで、お金をもらっています。高い報酬を得る以上は、それに見合った結果を残さなければなりません。結果を残せなければ、去らざるを得ない。勝ち残ってきた者同士が競う、白黒はっきりした厳しい世界なのです。

『もっとやっておけばよかった』と、自分より才能のある選手が、涙ながらにそう言って、去っていきました。そんな後悔の涙はやはり見たくないし、そのような思いもしてほしくありません。でも、プロの世界は、本当に過酷なんです。

私は47歳まで現役を続け、体が強いように言われますが、常にケガと隣り合わせで、いつもギリギリの中で投げてきました。厳しいトレーニングを続けて体をつくり、準備をしてきたわけです。

どうしたら故障をせずに戦い抜けるのか？　どうしたら、成績を残せるのか？　プロとして自分に問いかけ、考えて、覚悟を持って行動する。一日一日が勝負なんです。

監督になってからは、それを選手に伝えるのが役割です。『気づいたときは手遅れだった』なんて悔いを残さぬよう、監督は気づかせてあげなければならないんです。

〝選手ファースト〟と言うと、選手の言うことをなんでも聞き入れ、受け入れることのように思われがちですが、そうではありません。ときには選手の意向に反してでも、正しい方向に導くことが、本当の選手ファーストだと、私は思います。

その選手にとって、何が最善なのか？　そのときの感情に流されず、口うるさく思われたり、嫌われたりしても、選手のためを思い、選手の未来を見据えて行動するのが、選手ファーストであり、監督の務めだと思うんです。

選手は不平や不満を口にするものです。私も長いこと選手をしていたから、その気持ちも、それを吐き出すことの大切さもわかります。でも、周りの人間が、その不平や不満に対して、無責任に同調してしまうと、選手はそこで自分と向き合うことをやめてしまうんですね。これがとても怖いんです。同調してくれる〝味方〟がいると、その存在に甘えて、自問自答をしなくなったり、厳しい追求をしなくなったりしてしまうんです」

自由な〝外の世界〟と気の密度が濃い〝中の世界〟

〝相撲部屋〟というプロの中でも特異な世界にいる九重さんは、その独特の世界観を、次のようなエピソードをもとに表現してくれました。

「俺が幕の内に入り、三役になってからのことだと思います。番付は上がっても、当然ですが、稽古は厳しいんです。肩で息をしている俺に、師匠が言いました。

『ちょっと外に出てこい』と。意味がわからず『はい？』と生返事をすると、『いいから出てこい。出たらわかるから』と言われたので、稽古場の裏の勝手口から外に出ました。

ああ……。青空が広がっていました。空気もゆるい。通行人の声、車の音も聞こえます。『なんて自由な世界なんだ』と思いました。

その間、数十秒でしょうか。部屋に戻ると、気の張った密度の濃い世界でした。

これが外と中なのか？　壁一枚隔てて、まるで違う世界があるのです。

師匠は俺に言いました。『お前はどこの世界にいた？』

『俺はこっち側です。稽古場の人間です』

『だろ。違うんだよ、外と中は。自由になっただろ？　数秒でも自由になっただろ？

一度逃げたやつは二度と帰ってこない。こういうことなんだ。この自由が快感になってしまうんだ。お前は逃げたやつを何人も見てきたからわかるだろ？』

『はい、わかります』

『自由になった気がしただろ？』

『はい、しました』

『こっちの人間だって、思ったんだろ？』

『はい、思いました』

『だったら、いい。そういうことだ』

師匠はおそらく、わずかな俺の気のゆるみを感じ取ったのかもしれませんね。独特の方法だけど、俺は結果的に活を入れられ、気の張り詰めた厳しい世界に戻されたんです」

部屋を逃げ出した人について、九重さんはこう教えてくれました。

「稽古が厳しくて、逃げ出す人はいっぱいいましたね。朝、暗い時間に『上野駅に行く』って隣に寝ている俺に言って、こっそり出ていくんです。そいつが寝ていた布団を丸めて、上からもう一枚布団をかけて、寝ているように見せかけるんですよ（笑）。やってあげなきゃいけないんです。結局、俺が怒られるんですけど、義理っていうか人情っていうか。

師匠は、そういうことに関しては一切言わないです。逃げたかも聞かないです。おかみさんとマネージャーが対応するけど、師匠は一切。その後どうなったとか、家に無事に着いたとかも聞かないです」

逃げた力士を追いかけない理由

ドラマで見るようなシーンが、実際にあるのですね。想像を絶する厳しさです。

師匠からすれば、「求めてこの世界にいる人に全力を尽くしている」ということなのだと思います。そして、こんなことも言いたかったのではないでしょうか。

外とは違い、中は不自由な世界かもしれない。しかし、だからこそ、自分としっかり向き合い、自分の中に深く深く入ることができる。自分の弱さから逃げず、強さをとことん伸ばすことができるのだ――と。

逃げた力士を師匠が追わなかったのは、冷酷だからではありません。いくつもの世界があることを十分に知ったうえで、「あいつは他の世界に行った」と思っていたのでしょう。

工藤さんも九重さんも、私も、突き詰めれば、同じことを言っているのだと思います。

「いま自分がいる世界は、自分が求めて入った世界だ。だから、その世界で全力を尽くす。しかし、全力を尽くす、というのは簡単ではないぞ。手は抜けない。気も抜けない。常に自分で考えて、行動する。それはとても苦しいことだ。結果が良かろうが悪かろうが、すべて自分の責任。それは自分の思考と実践を積み重ねた末のことなのだ。だからこそ、甘えは許されない。だからこそ、厳しいのだ」と。

結局は、自分次第なのです。

そしてこれは、野球界や相撲界、武道だけでなく、どんなスポーツにも仕事にも、すべての世界に共通することだと思うのです。

道を選ぶのも自分。どうするのかを決めるのも自分。厳しい山道を突き進むのか。楽な道を歩くのか。しかし、どんな道を、どう進もうが、結果はついてきます。それを自分で受け止めるしかないのです。

第2章

自分を守る体づくり

鍛えるにも基本的な体の強さが必要

若い世代に工藤さんの印象を聞くと「ソフトバンクを何度も優勝に導いた名監督」という声が多く聞かれます。いっぽう、私の世代に聞くと「鉄腕」とか「優勝請負人」「カーブの使い手」、中には「暴れん坊」などという声が返ってきます。まさに〝さまざまな顔〟を持っているわけですが、これも工藤さんの人間力の証だと言えるでしょう。

人物を評すときに、よく「器が大きい」などと言います。「度量がある」という意味でも使われますが〝人間的に幅が広い〟ということでもあります。幅が広いからこそ、さまざまな人の気持ちや立場を理解でき、受け止められる、私はそんなふうに思っています。

選手時代には２２４勝し、47歳まで現役を続けました。これはプロ野球の投手としては、めったにないことです。14回のリーグ優勝、11度の日本一。しかも、それを3球団を経ながら成し遂げ、日本シリーズ通算最多奪三振（１０２奪三振）や4度の最多勝率（ＮＰＢ最多タイ記録）という驚異の記録つきですから〝優勝請負人〟の異名がつくのも納得です。

その工藤さんが現役を退いたあと、著書の中で、次のように話しています。

「以前、なにかのインタビューで、こんな発言をしたことがある。

『僕が自分からやめるとしたら、投げられなくなったときだ。痛くて、もう投げられないというときまで、誰になんと言われようと投げつづける』と。

この気持ちに少しも変わりはないが、あえて言えば、足りないものがある。それは『投げられなくなったとき』のあとに、『もしくは投げる場所がなくなったときだ』と付け加える言葉である。

どんなに投げたくたって、どこも雇ってくれなかったら、マウンドに立つことさえできない。投げる場所がなくなったら、どんなピッチャーだってボールを握ることができない。

ずっとつづいていた肩の痛みや、メジャーへのトライアウトの時期に間に合わない状況から考えても、『引退』というけじめのつけ方は、当然の結果だったと思う。自分なりに悩み、迷った末の苦しく辛い決断だった」

（工藤公康『折れない心を支える言葉』幻冬舎）

プロの世界は過酷です。全身をフルに使い、全神経を総動員させなければ、勝負の舞台には立てません。ケガや故障は常に隣り合わせです。

そんな中で、どのように体を維持するのか？　どうやって屈強な体をつくるのか？

心身を極限まで追い込むプロの選手たちには、鍛える前提として〝基本的な体の強さ〟が必要です。この章では、自分を守る体づくりについて、話を進めていくことにしましょう。

スポーツ選手の体も弱くなっている

鍛えるためにも基本的な体の強さが必要――。

これは当然のことでしょう。たとえば、練習や稽古を始めた途端、ケガや故障をしてしまうようでは、鍛えることなどできません。ところが、最近では、こういうケースが目立つのです。心身統一合氣道会は、プロ野球や相撲界とは違い、一般の方が入会し、稽古をします。会員の中には、力士や格闘家、野球選手、サッカー選手、登山家など、プロのアスリートもいますが、多くはいわゆる〝一般人〟です。ですから、体力的に強《きょう》靭《じん》ではない人を前提としているのですが、それにしても近年では、若い年代にもかかわらず、稽古を始める人の体の強度が下がっているのを感じるのです。

小・中学生の体力テストの結果が、年々、低下していることからも、それは明らかです。

なぜか？　原因は一つではないと思われます。運動する機会が減っている、正しい体の使い方を知らない、食事が偏っている、など複合的なものと考えられます。

ところで、こうした〝弱体化〟の波は、プロスポーツの世界にまで及んでいるのでしょうか？　そのことに関して、工藤さんは、こんなふうに話してくれました。

「プロ野球に入ってくる選手の体が、たとえば、私たちの世代と比べて弱体化しているかは、わかりません。でも、昔は、中3日で投げた人もいっぱいいたんです。江夏豊さんなんかは、年間に３００イニング以上投げて、４００奪三振を取っている。そんなピッチャーは、いまは国内にもメジャーにもいません。『江夏は別格でしょ？』とか『選手生命は短かったでしょ？』なんて言う人もいるけど、あの人は２００勝して、２００セーブ近くしているわけです。

これはもう化け物ですよ（笑）。でも、そこには〝体の強さ〟があるんです。そして、強さの根底には〝鍛え方〟がある。いまの選手は、その〝鍛え方〟への意識が、大きく変わっているのかもしれません。

たとえば、走るとか、投げる、という鍛え方が端《はな》から否定されてしまう。『走り込み』とか『投げ込み』っていう言葉だけが独り歩きして〝しごき〟のようにとらえられてしまう。それが『選手寿命を短くしている』なんてことまで言われるようになりました。

たしかに、走り込みや投げ込みは苦しいですよ。汗をびっしょりかいて、苦しそうな顔もします。だからイメージ的に、苦しいことを〝強要している〟と思われてしまい、『あんな練習はとんでもない』ってなるんですけど。そんな理論こそ、じつはとんでもないんです。

走るということは、運動の基本であり、すべての動きに通じます。速く走る、少しでも長い距離を走るために、上と下の体の使い方を覚え、その中で力を抜く感覚や出力の感覚も養える。そして何より、年齢と共に衰える体力も維持、向上できる。

基本的な体力や体の強さが、結果的には故障予防につながり、選手生命を伸ばすことになるのですが、そこには言及されません。

私が47歳まで投げられたのも、体力を重要視し、走ることを大切にしてきたからだと思います」

壊れない体づくり

どんなトレーニングがいいかは、この本の趣旨とは逸れるので、深くは追求しません。

しかしプロの世界では、強い体がなければ生き残れないのは確かでしょう。

しかも、どんなに強い体をつくっても、その全員が生き残れるとは限らないのです。

工藤さんは、次のようにも言っています。

「壊れていった人のほうが多いですね。生き残る人、長く活躍する人というのは、やはり基本的な体の強さがあった人だと思います」

では、基本的な体の強さを得るには、どうしたらいいのでしょうか？

「基本はやはり、走ることだと、私は思っています。ウエイトトレーニングで得られる〝筋力の強さ〟というのもありますが、何と言っても、足は土台ですからね。体が基礎からしっかりする。そして、走ることは全身運動ですから、心肺機能なども含め、血管や神経に至るまで、体の細部まで鍛えられる。つまり、全身が強くなるんです。

体だけではありません。走るのは苦しいし、時間もかかるので、それを毎日続けていくことで、メンタルも鍛えられます。『なんだ、根性論か？』と言われるかもしれませんが、『俺は毎日、あれだけ走ったんだ』『これだけやったんだ』ということが、自信にもなるんです。だから俺は負けるはずがない、と」

工藤さんが話すように、当時の西武は〝黄金期〟と呼ばれ、「V9時代のジャイアンツよりも強い」と言われたほどです。ピッチャーは〝投手王国〟の呼び名の通り、層が厚く、野手は鉄壁の守備と堅実かつパワフルな打撃の名手がラインナップを飾っていました。野球は素人の私から見ても、選手は土台がしっかりし、自信に満ちていました。

その根底には、徹底した「走り込み」や「投げ込み」などによる〝体づくり〟があったのかと、いまさらながら、大いに納得できるのです。

SNSで頭でっかちに

ＳＮＳの普及もあり、いまの選手たちは〝情報通〟で、〝頭でっかち〟になっているのかもしれません。

九重さんは次のように言って、笑います。

「四股なんて踏んで、相撲、強くなるんすか？　なんて平気で聞いてきますからね。まったく、利口なのかおバカなのかわかんないですよ（笑）」

そんな情報過多の若者に対し、「どう対応したらいいのか？」と、悩んでいる指導者も多いでしょう。工藤さんが、これに答えてくださいました。

「いまの子たちは、ＳＮＳも含めて知識だけはあるんですね。なので、その知識に負けない知識を持っておかないと。

たとえば『ランニング必要ないですよね。野球は長距離を走らないし、持久力もいらないじゃないですか。メジャーの選手は走りませんよね』と、知識を振りかざされたときには、きっぱりと『いや、必要だよ』と言い、理由を説明してあげます」

どんなふうに説明するのでしょうか？　工藤さんは「走り込み」や「投げ込み」が必要な理由を、選手に次のように話したそうです。

「君とアメリカの選手は、体格が違うでしょ？　骨格も違うし、筋力も違う。だからまず、メジャーの選手が走らないから君も走らない、というのはちょっと違うと思うなあ。それにね、意外かもしれないけど、アメリカの選手って、よく走ってるんだよ。とくにマイナーの選手なんかは、むちゃくちゃ朝早く、暗いうちから球場に来て、走ってるよ。

私も現役時代に自主トレをアリゾナでしていた時期があったから、実際に見たこともある。最近も毎年のようにアメリカに行って、トレーナーの方やメジャーの監督さん、GMの方からアメリカの野球や医科学について話を聞かせてもらっているけど、その中には、選手によって、かなりの量のランニングをしているという話もあった。

朝7時、明るくなってから練習を始めるんだけど、その前に各自で黙々とトレーニングをして、アップまで終わらせているんだ。で、練習は集中して短時間で終えて、午前中でサヨナラ～って帰っていく。

だから、そこだけ見て『なんだ、たいして練習しないじゃん』とか『メジャーは走らない』って思っちゃうんだけど、実際は違う。やってることを知らないだけなんだ」

走ること・投げることこそ最強の全身鍛錬

工藤さんは、走り込みや投げ込みをする科学的な理由についても語り始めました。

「それに、プロとしての技術を身に付けるためには、体力もそうですが、やっぱり数を投げないとダメなんですね。

それは、心肺機能や回復能力は、走ったり、反復練習をしたり、数を投げることで高まるからなんです。よく『肩は消耗品』って言いますが、ピッチャーは試合で投げるたびに毛細血管が切れてしまう。切れた毛細血管の修復には時間がかかります。新しい毛細血管ができて、それがつながっていくのを待つしかないのです。その間、約35日から

40日かかると言われています。でも、そんなに待てないし、どんどん投げるでしょ。するとその分、毛細血管は損傷《そんしょう》し、筋肉や関節周辺の回復が遅くなり、故障につながってしまう可能性も出てくる。

『消耗品』って言われるのは、このためなんです。とくに、腕の力だけで投げるようなピッチャーの場合は、消耗が激しくて、選手生命も短くなる。だけど、あまり消耗しないピッチャーもいます。それは走り込みや投げ込みを大切にしているピッチャーです。もちろん正しい筋トレも大事なのですが、持久力を鍛えることで、より多くの酸素などを全身に届けようとするので、毛細血管も増えて、回復も早くなります。結果的に故障の予防にもつながっていくのです。

そしてもう一つ、ランニングや投球練習を数多く積むためには、効率の良い体の使い方が必要になります。トレーニングや反復練習を積むことで、バランスの良い体の使い方、そして効率が良く、なるべく上半身に負担がかからないような投げ方、力の抜き方を身に付けることができます。上半身に頼った投げ方をしなくなるので、消耗が少ない。

私もそういうピッチャーでした。試合の後、肩の棘下筋《きょくかきん》とかを超音波で調べてみたのですが、ほとんど損傷がなかった。47歳まで投げられたのは、消耗が少なかったからです。

『走り込んだり投げ込んだりするのは効率的じゃない』って言う人がいるけど、それは逆じゃないかって思いますね。だって、全身を使い、理にかなった〝良い投げ方〟をすれば、ケガをしなくなるし、消耗も少ないし、長持ちするわけだから、よっぽど効率的なわけです。

トレーニングで上半身ばかり鍛えて、腕力に頼った〝悪い投げ方〟をして、消耗していくほうが非効率的です。しかも、バランスが崩れてるから、故障は肩だけじゃ済みません」

ここまで説明されたら、たいていの選手は納得するのではないでしょうか？　そもそも、工藤さんご自身が、プロ野球史上で数少ない高齢のピッチャーだったわけです。つまり、我が身をもって走り込みや投げ込みの重要性を証明した〝生きたエビデンス〟と言えるのです。

貪欲さがなければ強くならない

私自身、MLBのロサンゼルス・ドジャースから依頼されて、将来が有望視される若手選手に対し「氣のトレーニング」を指導したことがあります。指導は球団のオーナーが替わるまで3年間にわたって行われましたが、回を経るごとに、参加者も期間も増えていきました。

もちろん、アメリカの野球選手は、合氣道の技を覚えたいわけではありません。私が指導したのは、「自分の能力を最大限に発揮するための方法」です。つまり、「自然な体の使い方」や「心の静め方」を教えたわけです。

メジャーリーグを目指す若者ですから、みんなケタ外れのパワーを持っています。しかしそのパワーがうまく活かせていないのです。極端に言うと「球速160キロでボールを投げられるけど、ここ一番でコントロールが定まらない」とか「練習では柵越えのホームランを打つけど、チャンスの場面で弱い」といった〝粗い選手〟が多いのです。

その原因は、大きく分けると二つあります。一つは、体の使い方に無理や無駄があること。もう一つは、ここ一番で心が乱れて上ずってしまうこと。

心と体は密接につながっているので、これらの問題は、体だけのアプローチ、心だけのアプローチでは解決しません。「心・技・体」の根底にある〝何か〟が必要だと気づいたのでしょう。そこで、はるばる遠く離れたアメリカから〝氣の専門家〟である日本の私に声がかかったというわけです。選手以外にも、フィジカルトレーナーやメンタルコーチも学びに来ていました。

ドジャースの上層部に「氣のトレーニング」を取り入れるよう進言してくださったのは、広岡達朗さんです。

というのも、心身統一合氣道は、野球と深くかかわっているからです。広岡さんは、ご自身の現役時代だけでなく、監督になってからも、心身統一合氣道を野球に取り入れてきました。また、王貞治さんも私の父に師事し、一本足打法を誕生させ、世界のホームラン王にまで上り詰めたという深いご縁があるのです。

話はちょっと逸れましたが、私もドジャースで指導をさせていただく中で、彼らが「人の見えないところで努力をしている」ということを、目撃しているのです。私は選手と同じホテルに宿泊していましたが、彼らは朝の4時台からごそごそと動き始めます。

言うまでもなく、それだけ競争が激しいからです。

全体練習が始まる前にコンディションを完璧に整えておくのは当然で、人の見ていないところでいかに〝差をつけるか〟で、生き残れるか否かが決まってくるのです。

私のトレーニングを熱心に受けるのも、このためです。「自分にプラスになるなら何でも取り入れる」という貪欲さがある。つまり〝必死〟なわけです。

アメリカでは日本のように、指導者による体罰や暴言はほとんど聞きません。でも「自分で必死にやらなければ生き残れない」という状況があります。これは〝厳しい練習をやらされる以上に過酷〟とも言えるでしょう。日本でも、トップを目指すような人は、全員が〝生き残りをかけている〟という厳しい環境下に身を置いています。

食べて寝て、腹の肉が割れる力士の生活

ところで、相撲界にも〝朝が早い〟というイメージがあります。工藤さんは、それに影響されたと言っています。

「力士は、朝早くに起きて稽古をして、その後で食事をすると聞きました。『強い体を

つくるうえで、それは理にかなっているからだ』と。それで私も、朝起きて水は飲みますが、運動とトレーニングを終えてから、食事を摂るようになったんです。

やってみて実感したんですが、体のサイクルがすごくいいんですよ。運動した分だけ食事を摂ると体調がいいし、体がよく動く。それが感覚的にわかってきました。

実際のところは、どうなんですか？」

この工藤さんの問いかけに対し、九重さんは、次のように話しています。

「たしかに、食事は稽古の後にします。朝の6時から昼前まで稽古をして、その後が食事です。医学的、栄養学的、生理学的に、それが正しいかは、正直、わかりません。でも、そうやって稽古の後で食べるほうが、吸収しやすくなるというか、エネルギーに変えられることは、経験的に知っています。

稽古の後、お昼ぐらいから、いわゆる〝ちゃんこ〟を食べるんです。炭水化物もたんぱく質も脂質も、すべて一気に摂る。食事が終わるのが、だいたい午後2時くらいです。

その後、掃除をします。体を軽く動かすんですね。そして4時間くらいいったん寝るんですが、この睡眠で、体が回復したり、成長したりするんです。

夜の睡眠もそうなんですけど、骨がきしんだり、肉が割れたりして、目が覚めたことがあります（笑）。ウソみたいでしょ。でも本当なんです。キシキシッ……ピキピキ、ビキッ、と音がして、驚いて飛び起きたんですね。もしかして、と鏡を見たら、肉割れができていて、体がバーンと張って、でかくなってるんですよ。稽古の後に食べるといい、って俺らは教わって、本当にそうやって体をでかくしてるんです。

本来ならば、おにぎり1個とかバナナ1本とか食べて練習するほうがいいって聞いたこともあるんですけど、実際にはできません。そんなこと考えられないです。

だって、稽古では、バチーンと胃袋の上にパンチが入ってくるわけです。立ち合いとか、かちあげとかで。胃袋に何か入っていたら、全部戻しちゃいますよ（笑）。

だから、稽古前には、体が食べ物を受け付けません。だったら、もう食べないほうがいいということで、稽古後に食べることが習慣になったんです」

強い力士のゴムまりのような筋肉

成長期に骨がキシキシ伸びる音がする、というのは聞いたことがありますが、バキッと腹の肉が割れる音がする、というご本人ならではの体験談は、大迫力のリアルさです。

心身統一合氣道会には、数名の力士が稽古に来ています。また、かつては、現役時代の千代の富士関が、私の師匠（父・藤平光一）の教えを受けていたことは、知る人ぞ知る話です。私も子どもの頃、千代の富士関に抱っこされ、膝の上に乗せてもらった記憶があります。

九重さんが〝鬼〟と語った人ですが、私の中ではニコニコと笑う優しい力士でした。しかしながら、体は鋼《はがね》のようであったことも覚えています。

力士の体に関しては、九重さんは、こう話しています。

「親方の場合は、鍛え方が違いますからね。別格です。鬼と言われるゆえんです（笑）。

ふつう、力士の体というのは脂肪があります。と言っても、みなさんが想像するような、やわらかいプニュプニュした脂肪ではありません。外側はやわらかくても、内側は硬い筋肉なんです。〝ゴムまり〟のようだとも言われます。

ぶつかり合いでは、激しくぶつかり合うので、防御ができなければなりません。ボーンとはね返すというか、受け止める。でも、瞬発力が何より大事な競技なので、大きくて太い筋肉も必要です。つまり、やわらかさと硬さを兼ね備えた筋肉なんです。幕内クラスにでもなれば、筋肉はガチガチですよ」

なるほど。たしかに特別な肉体です。ムキムキで、腹筋がシックスパックに割れているような〝筋肉むき出し〟の体では、ぶつかり合った際にはね飛ばされるか、損傷してしまうでしょう。力士の特別な肉体をつくるには、長年の経験に基づいた食事習慣が必要ですね。しかも、人間の体は一日にしてつくられるわけではなく、日々の積み重ねが必要なのです。

自然の摂理に合った食生活をする

食事に関しては、工藤さんは、次のように話しています。

「私は現役時代、周囲の人から『工藤は食べ物にうるさい』とか『厳しい食生活を実践している』などと噂されていたようですが、そんなにうるさくはないですよ（笑）。

でもたしかに、食べ物のことは真剣に考えていましたね。きっかけは妻の影響です。

じつは、結婚した当時は肉体がボロボロでした。試合が終わっても疲れが抜けないし、筋肉が回復しない。だから、練習で走っても、すぐに疲れてしまいます。おまけに、お酒と寝不足で、肝臓も悲鳴を上げていました。

妻は、そんな私のために、食生活の管理に取り組んでくれたんです。肉体改善と体質改善ですね。妻がやっているうちに、食べ物が体をつくっている、ということが少しずつわかってきました。『食べ物が大事』って当たり前なんですけど、それを自分の体を通して、実感したんです。『なるほど、こう食べると、こうなるのか。こう変わるのか』と。続けているうちに、知識も増えてきました。それが会話とかにも出るんでしょうね。実際、体の変化を、チームの仲間たちも認めたのかもしれません。『工藤さん、肉食べちゃいけないんですか？』って聞かれたりして、いつの間にか『食事にうるさい』ってことに(笑)。

でも、肉がいけないわけじゃないんです。肉を食べるなら、量は抑えて、その分、野菜も食べるということです。これによって、肉を早く消化し、よりよく吸収できる。つまり、腸にかかる負担を軽くしてあげるんです。

お腹に食物が入っている状態で運動すると、ケガをしやすくなります。集中力も出ない。これは人間の生理的なものですが、当然ですよね。だって、お腹に食物があれば、胃腸はそれを消化しようとして、血液が集まってくるわけですから。その分、脳内の血液量が減って集中力は途切れるし、体の末端には血液が行き届かなくなる。その状態で急激に動いたら、筋肉が損傷しやすくなるわけです。だから、難しいことじゃないんです。

動物はエサを食べたあと、ゴロリと横になるでしょ。ようは、自然の摂理なんです。私がやっていたのは、そういうことです。一律に『これを食べちゃダメ』とか『これを食べなきゃダメ』ということではありません。体調がよくないなら、内臓を休めるためにも消化吸収を助けてくれる食物を摂る。疲れているなら、回復できるものを摂る。それは個人の体質にもよるし、状況にもよる。ようは、食べるタイミングやバランスが重要なんです。

一日では人間の体は変わりません。毎日の積み重ねです。何を食べるかより、むしろ、どんな食べ方をしているか、どんなことに気をつけているか、のほうが大事。それは自分の体に確実に反映されます。自分の体調や健康の状態は、自分が一番知っているはずです。もちろん、栄養士さんに任せるのもいいのですが、やはり自分で考え、自分の体と向き合い、調整することが大事だと思うんです。食生活が悪ければ、体力は維持できませんから」

常にベストコンディションでいる責任感

自分の体は食べたものでできている——。当たり前のことなのですが、それを忘れてしまっている人も多いのではないでしょうか？

先日、落合博満さんのYouTube『博満の部屋』という番組を拝見しました。広岡達朗さんとの対談で、とても深い内容でしたが、中でも印象に残った言葉があります。広岡さんが「必勝法70箇条」の第1条は「常にベストコンディションを保て」だと紹介し、「どうしたらベストコンディションを保てるか？」と落合さんに話を振りました。

それに対する落合さんの答えが、「ベストコンディションを保つには体力でしょうね」だったのです。広岡さんはさらに「じゃあ、体力をつけるためには、どういう生活をしたらいいか？　どういう考え方をしたらいいか？　と言える人いないよ」とけしかけると、落合さんはとてもシンプルに、こう答えたのです。

「それは、練習して、日々の生活でも野球に没頭することでしょうね」と。

やはり落合さんも、工藤さんや九重さんと、同じことを言っているわけです。三冠王を3度取り、名監督と言われる落合さんの「野球に没頭する」という言葉は、とてもシンプルですが、力強く、たしかなものです。そして「没頭する」という中には、当然、食べることも含まれます。ベストコンディションを保つためには、食事は欠かせないわけですから。

体力と言うと、筋力や持久力と思われがちですが、それだけではありません。

「体の力」と書くがごとく、自分の持つすべての力の総和が「体力」なのです。内臓の働く力や脳の働く力も、そこには当然含まれます。そうしたすべてのコンディションを整えるには、食事や睡眠など、日々の習慣が大事なことは言うまでもありません。その結果、コンディションが整い、体力が十分に使われ、自分の能力がフルに発揮されるわけです。

リラックスと虚脱はまったくの別物

この章では、体づくりは自分を守るためにある、ということを工藤さんの野球界、九重さんの相撲界のエピソードを通して話してきました。最後に私のほうから、リラックスについてお話しししたいと思います。どんなに強い体をつくっても、また、高い技術を習得しても、体に力みがあったら、力は発揮できないからです。

昨今では、リラックスの重要性は誰もが知っています。しかし、たとえばあなたは、大事な場面でリラックスできているでしょうか？

もしも、リラックスすることで本来の実力が発揮されるなら、大事な場面になればなるほどリラックスできなければならないのですが、現実は逆ではないでしょうか。

大事な場面になればなるほど、緊張したり、力んだりして、力が発揮できないのです。

先日、散歩の途中に少年野球を見ていたら、試合の大事な場面で監督さんが「力を抜け。リラックスだぞ」と大声でアドバイスしています。バッターボックスに向かう選手が力んでいるように見えたのでしょう。しかし、リラックスした結果、この選手は力ないスイングをして、空振り三振に終わったのです。

なぜ、そうなったのか？　それは、リラックスについて重大な勘違いをしているからです。つまり、「正しくリラックスした状態」と「虚脱状態」を区別できていないのです。

この監督や選手だけではありません。おそらく、読者の多くもそうかもしれません。

試しに、まずは虚脱状態を体験してみましょう。工藤さんと九重さんにも、やってもらいました。

【虚脱状態を知る方法】

まず、立った状態から、ダラ〜ンとする感じで、体の力を抜いていきます。どんどん力を抜いていってください。

すると、頭は下がり、肩は落ちて、背筋は曲がります。

さらに力を抜いていくと、体を支える力まで抜けて、座り込んでしまいます。

もっともっと力を抜くと、起きていられなくなり、寝転んでしまいます。

このとき、体はどんな感じでしょうか？　おそらく、とても重い感覚があるはずです。この状態を「虚脱状態」と言います。もしこれがリラックスだとしたら？　大事な場面で力を発揮できるはずがありません。そもそも、怖くてリラックスなどできないでしょう。

つまり、虚脱状態とは、間違ったリラックスなのです。

どこが間違っているのか？　それは「姿勢の安定がなく力を抜いている」ところです。

正しくリラックスすると力が発揮できる

今度は、正しいリラックスを確認してみます。

じつは、私がアメリカに行き、ドジャースの有望選手に最初に行ったのが、この「正しいリラックス」のデモンストレーションでした。そのときの様子を振り返ってみます。

さすがはマイナーリーグの最有望選手だけあり、体格が違います。道着に袴《はかま》の私を見て、彼らの心に不安や緊張が広がっていくのがわかります。私はこう切り出しました。

「私は、みなさんがメジャーリーガーとなって活躍するためのサポートに来ました」

その瞬間、場の空気が動き、一人の選手が「あなたに、何ができるのですか？」と、不審そうに発言しました。私は、こう答えました。

「たとえば、みなさんの立ち方が変わります。すると、みなさんのバッティングもピッチングも大きく変わります」

彼らの動揺が手に取るようにわかります。私は、選手を見回し、最も体の大きな二人を指さし、前に出てきてもらいました。

「いまからみなさんに、立ち方を教えます。体に余分な力みがなく、足先に氣が通った状態で立つと、姿勢は盤石になります。私がそれを示します」

二人の選手には、私の左右の肩にそれぞれ手をかけてもらい、「合図をしたら、力を込めて、私を真下につぶしてください」と指示をします。

まずは、悪い立ち方の例を見せます。私は、上半身に力を入れて立ちました。

「さあ、力いっぱいに私をつぶして」

すると、とんでもない力が私の両肩にかかり、一瞬でつぶされてしまいました。

次は、正しい立ち方の例を見せます。私は体の力を抜き、足先まで氣が通った〝正しいリラックスの姿勢〟で立ちます。そして、彼らに「私をつぶして」と命じました。

二人は一気に力を入れます。しかし、私の体はびくともしません。二人の男は私に飛び乗ってつぶそうとするのですが、私は動じないし、体のどこにも負担を感じないのです。

見ている選手たちは、やんやの喝采です。私は大男二人を肩に乗せた状態で歩きました。

「どうしてだ？」「何が起きたんだ？」「俺にもやらせろ」と声が飛ぶ中、私は笑顔で彼らを見回し、彼らが静かになったところで、穏やかに言いました。

「じつは、いまのみなさんの姿勢は、私が最初にやったのと同じように不安定です。それを実感してもらいます」

選手たちはみな直立し、私に動かされないよう、力を入れます。私は選手に近づき、胸のあたりを軽く押します。すると、驚くほど簡単にバランスを崩し、動いてしまいます。隣の選手にやっても同じ。その隣も同じ。どの選手も、簡単に動いてしまいました。

こうして「正しいリラックスがいかに強いか」「力むといかに弱いか」を、実際に体験してもらったのです。

厳しい練習は力を抜く練習でもある

力みによってバランスが崩れたら、実力を発揮できないばかりか、ケガをするリスクも高まります。おそらく、九重部屋が他を圧倒する1000回の四股を踏むのも、広岡監督が工藤さんたちを走らせたのも、全身のバランスが取れたリラックスした状態を教えるためだったのではないでしょうか。

正しく力を抜くことを、体に覚え込ませたわけです。

工藤さんは、こんなふうに言っています。

「練習でできたことが、本番の試合で同じようにできるとは限りません。プロ野球の選手だって、試合では緊張するし、大事な場面では緊張度はさらに高まります。だから、練習のときから常に緊張感を持った練習をしていないと、実際の試合では体が固まって、思った通りに筋肉が動いてくれないんです。

ほどほどの緊張感だと、アドレナリンが分泌されて、筋肉が活性化します。すると、自分の能力が出せるし、ときには1〜2割増しの力が出たりします。でも、過度の緊張で、アドレナリンが分泌されすぎると、体が硬直し、ぎこちない動きになってしまいます。そんなときに、ケガもしやすいのです。

そうした力みや緊張をコントロールするには、やはり、緊張感のある練習を積み重ねるしかありません。あるいは、厳しい練習をするしかない。

たとえば、二軍から一軍に上がってきた選手が平常心を失うことがあります。『ブルって投げられませんでした』なんて言うんですよ。せっかく上がってきたのに残念ですよね。

そんなときに『私は厳しい練習を積み重ねてきたんだから大丈夫。一軍だろうが二軍だろうが、相手が誰だろうが、マウンドは同じだ』って思えれば、力みは消えていきます。

『ライン際《ぎわ》にバントしてみろよ。ゲッツーで刺してやる。他の選手の何倍も、真剣に緊張感のある練習してきたんだからできる』って自信があれば、心に余裕が生まれるんですね。

でも、この余裕は気を抜くのとはまったくの別物です。

たとえば、ノーアウト1塁2塁でバントされ、ピッチャーの正面にボールが転がってきたとします。ありがちなのは『これなら簡単に刺せる』と思って、捕球して、そのままの姿勢で下からサードに投げてしまう。すると暴投になり、あっという間に点数が入ってしまう。

練習では気楽に下から投げて、それができていたとしても、試合ではやっぱり緊張感があるんで、筋肉が硬くなるんですよ。だから暴投になりやすい。

こういうケースでは、しっかり体の正面で捕り、ステップしてから投げるという基本を忘れちゃいけない。くり返し練習することで、体が自然に正しい動きをしてくれるんです。

私自身は、広岡監督から徹底的に教え込まれましたが、いったん体に染みついたものは、なかなか消えません。どんなに緊張する場面でも、自然に体が動くんです。

練習でできないことは、試合でもできません。だからこそ、必死に、体に染み込むように練習しなければならないと思うんですよ」

頑張ってはいけない

必死に練習したからリラックスして正しい動きができる――。実体験からくる言葉には重みがあります。

もう一つ、力みに関しては「頑張る」ということが、悪い方向に働いているのかもしれません。

「頑張る」には、「我を張る」「我意を通す」という意味があります。イメージ的には〝歯を食いしばって力を入れている〟様子が目に浮かびます。

みなさんも、この言葉をよく使いませんか？

「頑張れ！」と励まし、言われたほうもとりあえず「はい！　頑張ります」と応える。

でも、励ます側も応える側も「何を」「どう頑張るのか」が明確ではないのです。そして、「頑張らなきゃ」と追い詰められていってしまうのです。

こうならないためには、「頑張る」という意味を明らかにしておく必要があります。

そもそも、「体に余分な力が入っているとき」には、心を使っているようで、ほとんど使っていません。一生懸命にやっている感覚だけはあるけれど、実際には、何もできていない状態です。つまり〝ムダに頑張っている〟だけなのです。

緊張する場面では、最もしてはいけないのが「頑張ること」です。ストレスフルな場面では、頑張って体に力を入れることで、体と心に、余分な負荷がかかってしまうからです。その結果、失敗して「こんなに頑張っているのに」と自分を責めて、心身への負荷はさらに増すことになります。ストレスの悪循環に陥ってしまうのです。

緊張する場面ですべきは、正しいリラックスです。

次ページに自然な姿勢の確認のしかたを掲載していますが、まっすぐに立ち、つま先立ちをして、安定した状態になったら、ゆっくりとかかとを下ろす。これだけで、本来の立ち方を確認でき、体に余分な力が入らなくなります。さらに「氣の呼吸法」を行うことで、真にリラックスした状態になれるのですが、それはまたの機会にお伝えします。

ともあれ、正しいリラックスを覚えておくことが、体を守るうえでは欠かせない、ということを胸に刻んでおくといいでしょう。

ちなみに、虚脱状態のことを「気が抜けている」と言います。みなさんは、平日は気が張っている人が多いと思います。その反動で、休日は気が抜けてしまう。

でも、気が抜けると、疲れは倍増します。そして、気が抜けると体調を崩したり、風邪を引きやすくなったり、ケガをしやすくなったりします。

休日は、気を休めても、気は抜かないことです。気を休めるとは、正しくリラックスした状態で、ゆっくり体と心を休めることです。

たとえば、「明日は休みだ」と言って、だらしなくお酒を飲みすぎるのは〝気が抜けた〟状態です。反対に、仲間と楽しく一杯やり、「ああ楽しかった。元気が出た。ありがとね」と言って、さっと引き上げ、お風呂で温まって、ゆっくり眠るのは〝気を休めた〟状態だと言えるでしょう。

リラックスして安定する立ち方――〈特別講義〉

スポーツに限らず、姿勢が乱れていてパフォーマンスを発揮できるものは一つもありません。しかし、立ち方そのものを教わる機会はほとんどありません。立ち方を学ぶことは「土台づくり」です。リラックスすることで、人間に本来備わっている安定した姿勢になるのです。
では、その立ち方を覚えていただきましょう。以下の要領でやってみてください。

【リラックスできる正しい立ち方】

①背筋を伸ばしたり、胸を張ったりせず、まっすぐに立つ。
②足踏みをして、楽に動かせる幅で足を開く。
③つま先立ちをして、無理なく上がるところまでかかとを上げる。
＊つま先立ちしたとき、最初は安定せず、体が前後・左右にふらつくかもしれませんが、体に余分な力を入れず、自然にバランスが取れる位置を探しましょう。
＊力が入ってなかなか安定しない場合は、一度かかとを下ろし、やり直しましょう。
＊それでもうまくいかない場合は、支えになるものに触れて行ってみましょう。
＊つま先立ちをしたときに「上体が反っている」「頭が前に出ている」「肩が上がっている」とうまくいきません。誰かにチェックしてもらいましょう。
④つま先立ちでバランスが取れたら、静かにかかとを下ろす。

＊ドスンと下ろすとうまくいきません。
＊足の裏は自然に床に付いています。

はい。このような簡単な方法で、リラックスして安定した立ち方になります。

試しに、誰かに胸の辺りを水平方向に静かに押してもらいましょう。姿勢が盤石になっていたら良い立ち方です。グラッとするときは良くない立ち方です。

多くの人は、普段の姿勢だと、軽く押されただけなのに安定が崩れてしまいます。

なぜでしょうか？

それは、多くの人が、いつも自覚しないままに力んでいるからです。力んでいるつもりはないのに、知らず知らずのうちに、体のどこかに余分な力が入り、バランスが悪くなっています。

心身統一合氣道では、まずはこのリラックスして安定した姿勢の確認から学びます。

なぜなら、姿勢が不安定では、人を「導き投げる」ことができないからです。「相手を投げよう」として力みが生じると、結果として導き投げることができなくなります。人を動かすことを考える前に、まずは自分の姿勢を整えることが重要だということです。

これはコミュニケーションにおいても同じことです。人の靴の汚れを指摘するならば、まずは自分の靴の汚れを取っておかなければいけないのと同じで、相手を動かしたいならば、まずは自分の姿勢が整っていなければいけません。ところが、相手を思い通りに動かすことで頭がいっぱいのときは、自分自身の土台を失っているのです。

姿勢は心の状態が大きな影響を与えています。せっかく盤石になった姿勢も、心が乱れて上ずってしまうと台無しになります。ゆえに立ち方と「呼吸を静める」ことがワンセットで重要になります。この呼吸について関心がある方は拙著『気の呼吸』（サンマーク出版）をご参照ください。

アスリートだけでなく、ビジネスパーソンも、効果を実感できます。

覚えておいて損はありません。朝起きたとき、仕事が始まる前、大事な場面に臨むとき、試合や発表会の前……。さまざまな場面で、この立ち方を実践してみてほしいと思います。

第3章 素質の壁を越えていく

力士の強さは7割が素質

人間の体は食べたものでつくられ、鍛えることで強靭になっていく――。

前章では、自分を守る体づくりについて話を深めました。

とはいえ、体格や体形は、親から譲り受ける要素も多いでしょう。たとえば力士は、体が大きいほうが有利なことは、言うまでもありません。そもそもの〝素質〟もあるのではないか、と考える人も多いと思います。

これに関して、九重さんは、次のように見解を述べています。

「強い体をつくるには日々の習慣が大事なことは当然です。でも、根本から言えば、親からもらった体、つまりは〝素質が相撲の7割〟というのが、俺の実感です。

膝の向き、足の向き、股関節の入り方、肩幅、そして骨格。こうした根本的な体格は、親からもらったものです。ひと目見ただけで『この子は強くなる』『この子はそうでもない』『この子はダメ』ということが、相撲を取る前に、ある程度はわかるんです。

もちろん、いい素質を持っていても、強くなるとは限りません。そこはやはり、努力しなければ花は咲きませんよ。でも、生まれながらに素質がある人間はいます。そういう人は、やはり親に感謝するしかないでしょうね。

俺もそうですけど、師匠は、瞬間的に素質がはっきりと見えてしまう。だからと言って、素質がない人間を切り捨てるようなことはしません。その子がものになるよう、稽古の内容を変えて教えるんです。

相撲は『序ノ口』から『横綱』まで10段階あります。『序ノ口』の子には『幕下』の力士と同じアドバイスはしません。『関脇』と『大関』に対するアドバイスも違って当然です。なぜなら、成長段階が違うからです。その段階で、必要なものが違う。ですから、序列によってアドバイスが違うのは当然なんです。だけど、それだけではなく、人によってもアドバイスを変えている。それは、その子の性分も体形も違うからです。

わかりやすく言うと、足の短い子には、それを活かせる相撲が取れるよう指導するし、気性の荒い俺みたいなやつには、それを活かせる相撲を取るよう指導するんです。

ようは〝体や性格も一芸〟なんですよ」

足が短いのも強みになる

その段階に応じた指導があるし、その子に応じた指導もある——。指導者の多くに、刺さる言葉ではないでしょうか？　頭ではわかっていても、時間的・人的な制限がある中で、否応なく画一的な指導をしている方も多いと思います。

それにしても「体や性格も一芸」とは面白い言葉ですね。これについて、九重さんは、さらに興味深い話をしてくれました。

「たとえば、相撲は手足が長いほうが有利と思われていますが、足が短いのも強いんです。相手の懐に入れば、テコの原理で下からグイッと崩せますからね。足が速かったら、なおさら強いです。だから、ビーチフラッグとかやるんですよ。瞬発力が上がりますから。

いっぽうで、手足の長い長身者は、相手にスッと手が届くという強さがある。強さは人それぞれなんです。１００人いたら１００通りの相撲があるんです。

俺なんか、相撲を始めた最初に、親方（元・千代の富士）からいきなり『土俵に上がれ』って言われて、同期のやつと相撲を取らされた。『いいから好きにやってみろ』ってね。

で、相手がまわしを取りに来たんですけど、俺は気持ち悪いから張り飛ばしたんですよ（笑）。ババババーンって3発。もちろん、グーじゃなく張り手、パーですよ（笑）。相手はぶっ倒れちゃった。

そしたら、親方が『お前はそれを大事にしろ』って。その一発で、俺の〝相撲の型〟が決まっちゃいました。

そのときは夢中でやっただけですけど、いまならよくわかります。『恐怖のときに、獲物をどう捕らえるか』が大事なんです。それは本能的なものです。最初に相撲を取らされたとき、顔が逃げてぶつかっていく子もいます。そういう子は、やはり気が小さい。そもそも戦うスピリッツがないんです。だから、そこに技術が乗っても、大成する可能性は低いです。『いざ戦う』ってときに、どこか腰が引けてしまいますから。もちろん、稽古を積めば技術的にはうまくなる。ある程度はカバーできるけど、性分は変えようがありません。だから、性分を見抜いたうえで、個々に適した指導が必要なんです」

結局、素直な性格が一番伸びる

性格も体格も技量も、人それぞれで違うから、同じアドバイスはしない――。九重さんはそう話したうえで〝強さの根本〟についても話してくださいました。

「俺たちがいくら教えても、よかれと思って話しても、当人がそれを受け入れなければ、まったく意味がありません。聞く耳を持たなければ、俺らがどんな言葉を投げても、どんなにその子の成長を願っても、その子の上を通り過ぎるだけです。

どうやって強くするか？　うちの部屋は、気持ちからでした。

素直な気持ちを持たない子は、まず強くなりません。

どんな人間も、親がいたり、部活や学校の恩師がいたり、いろいろな教えを受けてきます。教わってなくても、何かを、見たり聞いたり感じたりしています。

そうやって、教えられたり、考えたりしたうえに、いまの自分がいるわけです。

それは、指導する側も、十分に理解しているのですが、部屋に入ると、『一回、頭の中をゼロにしろ』と言われるんです。『素直に俺の言ったことを聞いてみなさい』と、俺は師匠から言われましたし、いま、自分が師匠になってみても、そう思いますね。

〝素質があるかないか〟は、そこから始まります。話を聞けるか聞けないかです。もっと言うと、聞こうとするかしないかです。聞こうとしない人間には、何を教えても入っていきません。かつて日本では、スパルタでそれをやり、洗脳まがいのことをして、無理やり教え込んでいました。でも、そのやり方はいまでは通じません。だからやはり、本人が聞く耳を持ってくれないと、どうしようもない。いくら優しい言葉を使ったところで、聞く耳を持たない人間には、響かないのです」

九重さんの話は、私の心にすとんと落ちました。というのも、私も修行時代、師匠（父・藤平光一）から、まったく同じことを言われ続けてきたからです。「まっさらであること」「素直であること」と、いつも言われてきました。

それは洗脳されることではありません。人間の幅を広げることだと思うのです。自分の考えにとらわれ、その範囲内でしか物事を考えないようでは、成長は期待できません。他者の考えを一度、素直に受け入れてみたうえで、『なるほどそうだな』と思うのもいいし『それは違うな』と思ってもいい。しかし、まず受け入れてみないことには、その判断すらできません。それは、成長する機会をまるごと逸するようなものです。

「素直な気持ちを持たない子は、まず強くならない」という九重部屋の教えは、そうしたところから来ているのでしょう。

強くなる人間は貪欲です。どんな些細なことからも学ぼうとします。それこそ、赤ちゃんがハイハイする姿を見たときにさえ、体の使い方を学びます。つまり、学びとは、誰かから授けられるのを待つのではなく、自ら求めて得るものなのです。九重さんが言った、「話を聞けるか聞けないか」というのは、「学ぼうとするかしないか」という言葉に置き換えると、その真意が伝わるでしょう。

余談ですが、私は心身統一合氣道の指導で全国を回っています。地方に行き、夜道を歩くと、満天の星に圧倒されます。都会とは星の見え方が全然違うのです。都会の空にも無数の星があるはずなのに、明るすぎてよく見えません。そして、あるとき、ふと思ったのです。「学びもこれと同じだな」と。自分の世界からは見えないことでも、他の世界からは見えていることがある。自分を明るく照らしすぎると、大切なことも見えなくなり、その結果、学ばなくなる。他者の教えの中には、自分の知らない美しい星が、無数に輝いているかもしれません。素直な気持ちで他者の話を傾聴する人は、その分、気づきの機会も多く得られるのです。

ちょんまげ切ったらただの人　あえて厳しく言う理由

九重さんは、さらに、こんな話もしてくれました。

「プロ野球の世界というのは、高校、大学などから、選りすぐりの精鋭たちが集まってきていますよね。でも、相撲界は、中学を卒業して入門テストに合格すれば、その日から〝プロスポーツ選手〟になるわけです。言い方は悪いですが、プロ野球選手とは、最初のレベルが違うのです。野球選手は、少年野球から一生懸命にやって、中学でやって、高校で活躍して、大学の野球部に推薦されて……と、何度もふるいにかけられます。でも、力士は、身長が１６７センチ以上、体重が67キロ以上（中学校卒業見込み者は１６５センチ以上、65キロ以上）あって、内臓が健康だったら合格です。テストを受けた次の日から〝プロスポーツ選手〟という位置づけになるんですね。

だから、やっぱり師匠は、どうしても厳しくなってしまうんです（笑）。

俺も厳しくされましたけど、本当は、師匠も嫌だったでしょうね。でも、厳しく教えないと、おかしな行動をとるやつもいますから。師匠は、よく言ってました。

『相撲界全体を底上げしなきゃダメなんだ。お前たちね、ちょんまげがあるうちが華なんだよ。ちょんまげ切ったらただの人。そうならないためにも、しっかりした人間にならないとダメなんだ。だから、俺は厳しいことを言う。もちろん、お前たちに強くなってもらいたいからなんだけど。強くなるには、きちんとした人間でなきゃダメなんだ』

と」

九重親方の厳しさは、力士に強さだけを求めるのではなく、その後の人生や、相撲界の行く末までを見据えた指導だということがわかります。

工藤さんも、同様のことを言っています。

「選手の未来を見据えるために、選手を正しい方向に導くためには、私たち指導者は、厳しさだけでなく〝見極める力〟が必要になります。見極めは、直感でするものではありません。〝選択〟をくり返した結果、見極める力がついてきます。

一つ一つの選択肢に対し、メリットとデメリットを考え、それを選択することで起こりうる未来をイメージする。そうやって、多角的にシミュレートする癖をつけることで、少しずつ見極める力がつき、正しい見極めができるようになってくるのだと思います。目の前に起きていることに関しても、一つの情報や一つの側面からでは見えないことが、多くの視点や角度から見ることで、見えてきたりするんですよね」

〝専門バカ〟では見えるものも見えなくなる

こうした多角的なものの見方が、選手へのアドバイスにも活きてくると工藤さんは言います。「何を伝えるか？」もそうですが、「どう伝えるか？」というコミュニケーションにも活きてくると言うのです。工藤さんは、さらに次のように話してくれました。

「だから、私たち指導者は、野球以外のことも知らなきゃなりません。指導者だけではなく、選手も本来は、そうあるべきです。私は現役時代に、解剖学や生理学、トレーニング学、栄養学を勉強しました。監督になってからは、データサイエンスや、セイバーメトリクスという統計学を用いた分析手法も学びました。〝野球のメガネ〟をかけても見えなかったことが、他の〝学びのメガネ〟をかけると見えてくる、という感覚ですね。

たとえば、私は、人の動きを見るときは、人の皮をはいだ状態で見るんですね（笑）。

筋肉や骨の動きをイメージしながら見るんです。すると『あそこの関節の動きが悪い』『あの筋肉が痛んでいる』ということも見えてきます。不調の原因も見えてくるんです。

特殊な能力を持っているわけではありませんよ（笑）。筋肉や関節のことを勉強し、そのうえで何百、何千と自分のフォームや、選手の動きと照らし合わせているうちに、だんだんと見えるようになったのです。

おかげで、選手へのアドバイスや伝え方も変わったと思います。噂話の類とか、出所のはっきりしない情報にも踊らされなくなります。自分の目で見て、自分の頭で考えて、理解する。指導者も選手も、どんな競技においても、それはとても大事なことだと思います」

見て〝知る〟と、やって〝わかる〟は大違い

工藤さんの話に対して、九重さんから、次のような質問が上がりました。

「俺らの時代は、ビデオだったじゃないですか？　そのビデオもバンバン撮るわけじゃないから、見て、感じるしかなかった。だから、食い入るように見るし、音とかもすご

く大事なんです。『ああ、こうするといいのか』と、体感を通して覚えていくんですね。

でも、いまはＳＮＳとかYouTubeがある。だから、情報が豊富です。それこそ千代の富士の現役時代の取組なんかも、現役力士は、アーカイブで見てますからね。

それは、すごいチャンスだと思うんですよ。実際に、目も肥えているし、口も達者です。

でも、感じ取ろうとしない。見ただけでわかった気になってしまっている。そこが残念というか、物足りないというか。そういう弊害って、プロ野球の選手にはありませんか？」

たしかに、情報過多の弊害は、九重さんだけでなく、ビジネスの現場でも多くの人が感じていることだと思います。私も経営者や管理職の方から、同じような相談をよく受けるようになりました。工藤さんは、次のように答えてくれました。

「情報が多いことは、一概に悪いとは言えません。でも、頭でっかちになりすぎちゃうのはよくないですね。そこは問題だと思います。

たとえば、すごい選手のプレー動画を見る。技術的な部分はそれでわかるんです。でも、〝すごいプレー〟というのは氷山の一角でしかない。それは海面に浮かんだ、ほんの一部の〝結果〟でしかない。本当は見えない海中にこそ、膨大な〝過程〟が隠れてるんです。そこにはすごい努力があったり、忍耐があったり、葛藤や工夫があったりするのに、それがわからない。氷山の一角を見て、すべてがわかったと思うのは、とても危険なんです。

たとえば、野球界では、ある程度の成績を残した人が、若手と一緒に自主トレしたりします。違う球団の選手でも『お願いします』と頼んでやってもらうことができます。それはとてもいいことなんだけど、一緒に行っても、若い選手は、やはり氷山の一角しか見ないんです。だから教えてもらって『俺もああいう選手になれるだろう』って気になっちゃうんですけど、そんなことでなれるわけがない。努力もせず、一流になれるわけありませんよ。ちょっと教えてもらって、その場ではなんとなくできて、『俺にもできた』って思うんだけど、身に付いてないから、すぐにできなくなるんです。

私も若い選手にお願いされて、一緒に自主トレをしたことがあります。そのとき『なんでこんなに練習するんですか』と言われました（笑）。だから話をしました。

『だって君たち、いまの時点で私より実力がないんでしょ。そのうえ体力もない、技術もない。だったらどうやって勝つの？　練習しなきゃ勝てないでしょ』って。

そしたら『まあ、そうですけど……』って不服そうな顔をするんですよ。この人がいなくなったら自分が上に行けると思ってるんです。学校の部活ならそうかもしれません。でも私たちはプロなんです。勝ってなんぼの世界にいるわけだから、実力をつけるしかない。

『この人にはかなわない。だけど少しでもアドバイスをもらえたら』なんて甘い考えじゃ、絶対に勝てない。『この人を抜く。だからこの人以上に練習する。技も練習方法も盗む』ってくらいの貪欲さがないと、生き残れません。でも、そういうふうに考える選手は、いまは少ないですね」

一人の選手に3段階、4段階でフォローする

工藤さんは情報が溢れる社会で、選手が貪欲になりにくい環境下でも、選手を鍛えて〝勝つ集団〟をつくってきたわけです。

なぜ、そんなことが可能だったのか？　その秘密についても話してくださいました。

「選手って、やっぱり自分がよくなりたいし、使ってもらいたいし、チームに必要な存在でありたいって思ってるんですよ。だから、それを前提にして話をしていましたね。

『私は、君がチームに必要な存在だと思っている。君は○○な能力があるんだから、もっとこういうところを高めてみたら』ということを、一人一人と話すんです。そのうえで、『君はどう思う？』とか『いま、どんなことに悩んでる？』と聞くことも大事にします。

監督室で改まって話すようなことはしないけど、グラウンドで話したり、練習の合間にちょこちょこっと話したり。それで『僕はこういうことがしたい』と聞いたら、『そうか』と言って、私はすぐにコーチのところに行くんです。で、『あいつがこう言ってたから、お前からも一回、話をしてくれないか』と頼みます。

選手は、それを見ていますからね。『あ、監督、本当にコーチに言ってくれたんだ』って思うでしょ。それで『よし、やらなきゃ』ってモチベーションが上がるんですよ。

『あれをしちゃダメ』『こうしちゃダメ』って強制するとメンタルがへこむ。『頑張れ』

って励ましても負担に思われる。だったら、本人が自分で『〇〇したい』って言うように仕向けるしかないんですよね。しかも『ちゃんと気にかけているよ』『必要としているよ』ってことも、さりげなく伝えて、モチベーションを高める。

一人の選手に対し、3段階、4段階でフォローするんです。いまの子たちって、聞いてほしいタイプが多いんですよ（笑）」

突き落としたら上がってこない。だから寄り添い、見守る

親が子に干渉する度合いも、かつてより高まっているようです。稽古に来られる経営者から、「我が子の入社式に来る親が増えた」と聞きました。工藤さんが「一人一人と対話する」と言われたのも、そういう時代を反映してのことなのでしょう。

では、相撲界はどうなのでしょうか？

九重さんは「力士にもその傾向はありますよ」と苦笑しながら、内情を話してくれました。

「いまの子は、言葉ではなく目で訴えますよね（笑）。だから、俺も、工藤さんと同じ

で、自分から一人一人に声をかけるようにしています。俺らの修行時代は、名前で呼ばれることすらありませんでしたよ。厳しい環境の中で、勝手に育っていく。

ことわざに『獅子は我が子を千尋《せんじん》の谷に落とす』ってありますよね。まさにそれですよ。厳しくして、そこから這い上がってこいと。

でも、いまの力士は、突き落としたら這い上がってきません（笑）。だから、寄り添うしかない。付きっきりの指導が必要だと判断せざるを得ない状況です。先代から教わったように、厳しくしたうえで突き放したっていいのかもしれません。俺はそうやって育ったから、お前らにもそうするって。これまでは、それが伝統で、そういうやり方には確たる実績があるわけですから、そうするのが手っ取り早い。

でもいまは、メンタルの弱い子も多いですから。そういう子たちを預かる中で『以前はこうだった』というのは通じません。自分が変わらないといけないわけです。彼らの目線よりずっと下がって話を聞いてあげないと、関係が成り立ちません。

俺が電波を発して、彼らに受信させるのではなく、向こうから発した電波を、俺が受信しないといけない。まったくの逆転現象なんです。野球もそうだと思うんですけど。

だから、うちの力士には言ってますよ。監督とか親方が稽古場の空気をつくるんじゃないんだ』って。

『稽古場の雰囲気はお前たちがつくりなさい。

これまでは、先代が張り詰めた空気をつくっていたんです。親方が敷居の上にドーンと座り、腕組みをして稽古を見ている。それだけで稽古場が緊張した空気になるんです。でも、俺はそれをやりませんよ。『お前たちが空気をつくりなさい。笑顔があったっていいじゃないか。真剣に楽しくやって、みんなのやる気が上がるなら、それが一番だ』と。だから、いまはもう笑って稽古をします。もちろん、稽古自体は真剣そのものです」

リーダーは嫌われるべきか？

私も九重部屋の稽古を何度も見学させてもらいましたが、たしかに、変な意味での重苦しさはありません。番付社会ですから、人より上にいけば、金銭面でも待遇面でも優遇されます。それだけに、足の引っ張り合いやいじめなどが起こりやすいと思っていたのですが、そんな雰囲気はまったく感じません。もちろん、伝統ある部屋ですし、そもそも相撲は神事ですので、重厚な雰囲気はあるのですが、風通しのよさを感じるのです。そうしたことも手伝ってか、九重部屋は、いま、相撲界の中で力士の数が一番多いそうです。これも部屋の中に〝氣〟が通っているからなのでしょう。

現代は「優しくて当たりがやわらかければいい」というのが、リーダーの考え方です。だから、見た目が優しくて、言葉が優しくさえあればそれでいい、という指導になりかねないわけです。きつい言い方になりますが、それは、責任を取りたくなくて、厳しくする覚悟が持てないリーダーとも言えます。

「何のために指導をするのか」「何のために鍛えるのか」という肝心の目的が忘れ去られ、「どんな指導をするのか」という表層の方法論ばかりに目が行きがちです。

このため、指導の現場に氣が入っていないのです。

以前、広岡達朗さんに、失礼を承知で、次のように質問をしたことがあります。

「なぜ広岡さんは、そこまで嫌われても、厳しくするのですか？」と。

広岡さんは、笑いながらこう答えてくださいました。

「私は嫌われたいわけじゃないんですよ（笑）。好かれたいという気持ちも、そりゃあります。では、何で厳しくするのか？　答えは一つですよ。

その人が、ちゃんと力を発揮できるようにするためです。

そこに手加減をする必要がありますか？　ありませんよね。もし、指導者が手加減するなら、それは『選手に気に入られたい』という邪欲です。嫌われるとか、好かれるとか、そんな狭い了見で指導をするような人は、リーダーを外れたらいいんです。その子が持っている力を発揮するために鍛える。それだけですよ」

そのうえで、社会にはルールがありますから、野球の試合に出るんだったら、野球のルールを守らないといけないのと一緒で、現代でやるには現代のルールがあるわけです。ハラスメント防止やコンプライアンスは現代のルールですから、それは遵守しないといけません。それを守れない人は、やはりプレーしてはいけない。退場しなければならないでしょう。

「成果」という物差しだけではない

広岡さんのこの話は、「どんな物差しを持つか？」ということでもあります。「厳しいとか甘い」ではなく「好かれるとか嫌われる」でもない。「力を発揮できるか否か」という物差しで指導をしている、というわけです。

この〝物差し〟については、近年、私もさまざまな場所でお話しする機会が増えました。「その物差しで本当にいいのか？」と、思うことが増えているからです。

たとえば、現代社会では「成果」という〝物差し〟がよく使われます。仕事で言えば、「どれだけ成果を上げたか」で、その人の価値が測られる。学校で言えば成績、スポーツで言えば戦績。つまり「勝ち負け」が、その人の価値になっていて、「勝てばよい。負ければダメ」という評価が下されます。

世の中全体が、そうした「成果の物差し」だけで測るようになった結果、どうなったか？

勝って浮かれて、負けて落ち込んで、ということをくり返してしまう。

「勝負」の世界ならそれは仕方ない、という人もいます。しかし、たとえプロの世界であっても、物差しが「成果」の一点だけでは、疲弊して、次第に気力も失せてきます。好調のときはよくても、それがずっと続くことはありません。

そこで私は、他の「物差し」も持つことを、お勧めしています。それは「自分の持てる力をきちんと出せたかどうか」という物差しです。野球でたとえるならば、バッターが「ボールをバットの芯でとらえられたか（ジャストミートできたか）」です。

ボールをバットの芯でとらえた打球が、たまたま守備の正面に行ったということがあります。結果は、アウトかもしれませんが、それは未来につながるアウトです。次の打席はホームランになるかもしれません。ところが、「成果の物差し」だと、ボテボテのヒットでも「良し」と思ってしまいます。でも、それは未来に続きません。この物差しを持っているうちは、成長を阻害してしまうのです。

心身統一合氣道会では、毎年、全日本競技大会を実施しています。心身統一合氣道では試合をしませんので、この競技大会は技の優劣を競うのではなく、持っている力を本番でどれだけ発揮できるかを競います。各部門で金賞となるのは一組（あるいは一人）ですから、選手の目はどうしても成果に向きやすいものです。そこで、競技大会の最後の講評で、私は必ず「どれだけ成果が上がったかではなく、どれだけ持っている力を発揮できたかを物差しにしてください」と伝えています。能力や技術は磨けば必ず向上します。反対に、どれだけ能力や技術を持っていても、ここ一番で発揮できなければ意味がありません。

競技大会に出場したある選手は、入賞にはまったく届きませんでした。本人と対話したところ、「いまの自分にできることは全てやりましたし、力を出し切りました。だから、また稽古します」としっかり前を向いていました。人生はそこで終わりではなく、これからも続きます。ジャストミートを心がけていれば、いつかホームランを打てます。しかし、物差しが「成果を上げる」ことだけにあると、成果が上がらなければ無価値であり、ときに自分の存在価値すら疑ってしまうでしょう。この選手は学校を卒業後、社会で大変活躍しています。

誤解がないように補足すれば、成果がどうでもよいというわけではありません。それは綺麗事でしょう。「持っている力を発揮する」ことも物差しにすることで、結果に一喜一憂せず、長い目で見るようになり、大きな成果につながる、ということです。

九重部屋が取り組んだ改革

個々が力を発揮できるように――。

工藤さんや九重さんの指導の根底には、この思想が貫かれているように思います。九重さんが果敢に行っている〝部屋改革〟の隅々にも、それが現れています。どんな改革をしているのか？　九重さんが話してくれました。

「先代の九重親方（元・千代の富士）が亡くなり、俺が部屋を継承して、十四代目の〝九重〟を襲名しました。千代の富士の相撲道は、深く理解しています。だけど俺は、千代の富士ではないから、倣《なら》うことはできても、そのものにはなれません。だから、自分の色に変えていこうと考えたんです。力士全員を集めて言いました。

『先代からのいい部分は残していく。強くなるには厳しさも必要だ。礼儀作法、掃除、きちんとした私生活。こうしたことは、これまで通り、引き継いでいく。だけど、稽古場の雰囲気、部屋での雰囲気、これはすべてお前たちが主導だ。俺は〝ああしろ、こうしろ〟とは言わない。お前たちが、自分が強くなるために、部屋の全員が強くなるために〝これなら強くなる〟ということをやって、雰囲気をつくっていってほしい』と。

俺の役目は、その環境づくりです。部屋を建て直したんですが、その際にも、力士が生活しやすいように配慮しました。

たとえば、以前は部屋の階段の一段が22センチ強ありました。一般的な高さらしいんですけど、膝が痛い力士にとって、この段差は負担になるんです。痛そうに上り下りしていたので、一段の高さを変えました。力士を呼んで模型をつくり、何センチだったら楽かを何度も測りました。その結果、階段を一段18センチにしたんです。

ご飯を食べるときの『お膳』の高さも変えました。低すぎて食べづらそうだったので、力士に胡座《あぐら》をかいてもらい、『これくらいか？』『もっと高いほうがいいッス』と、みんなで話し合って高さを決めました。風呂場の浴槽の深さ、シャワーの位置、水圧も意見交換しました。ちゃんこ場もそうです。力士は大きいので、一般的な調理台や流しは低くて、腰が痛いんです。だから高くして、なるべく余分な負担は減らそうとしたんです」

かなり前のテレビＣＭで、初代若乃花が、まだ子どもだった若乃花と貴乃花の兄弟に言い放った「人間、辛抱だ」というセリフがあります。「お相撲さんはひたすら辛抱して強くなる」というのが世間一般の認識でしたので、九重さんの話は衝撃的でした。失礼ながら、相撲部屋において〝力士に寄り添う〟という考えが私の想定になかったからです。

トイレのドアを曇りガラスに

そんな中で、なぜ、九重さんは改革を断行したのでしょうか？　その意図を、次のように話してくれました。

「自分で考えて行動したことには、やはり、責任がついてきますから。生活がしやすくなったのなら、その分、稽古に集中しなきゃって思いますよね。それと、自分で言うのもなんですが『うちの師匠はここまで考えてくれている』って思えば、悪い気はしないでしょ。実際、意見交換などをしたことで、部屋全体が一枚岩になったと思います。雰囲気は明るいけど、稽古はお互いが切磋琢磨しながら、厳しくやるようになっていきます」

さらに、思いがけない話も打ち明けてくださいました。

「トイレのドアに曇りガラスを取り付けたんですが、これも力士の発案です。『師匠、用を足す以外の目的で、長く使うやつがいるので、曇りガラスにできませんか？』って。相撲部屋は男の世界なんでね。ちょっと、まあ……。頭ごなしにはダメとは言えないので『ここは用を足すだけだからね』とは言ってあります。でも、そうやって力士たちから言ってきたってことは、部屋全体が相撲に打ち込む雰囲気になってきたってことです。

『親方が厳しいからやる』ではなく『自分が強くなりたいからやるんだ』って。それはすごく大きな変化だと思っています。伸び伸びとした明るい環境の中で、それができたら最高なんです」

一生懸命にやると嫌いなことも好きになる。好きになると成長する

プロであるというだけでなく、相手のいる競技ですから、厳しいのはある意味、当然です。

相手の上を行くには、練習の質、あるいは練習の量で上回るしかありません。改革を進める九重部屋では、それをどのように実現しているのか？　九重さんが答えてくれました。

「稽古は厳しいですよ。5時間の稽古で、一日の力をすべて使い果たすくらいきつい。だけど、以前と比べたらゆるいです。気持ちに余裕があるんです。

あるとき、うちの力士がゲームをしているのを見て、ひらめいたんです。みんなニコニコしながら真剣にやってる。『あ、これだ！』って思いましたね。

まずは興味を持たせる。そして得意にさせる。これが大事なんですね。興味のないもの、不得意なものは、やっぱり続かないでしょ。俺がゲームをしないのは、興味もないし、下手だからですよ。それと同じで、興味があって、得意になれば、どんどん上達します。

たとえば、冬の寒い朝に、冷たいまわしを巻くのって、つらいんですよ。でも、それでも稽古場に行きたいって思わせる〝アメ〟が必要なんです。俺らの頃は〝ムチ〟ばかりだったけど、いまの子には〝アメ〟なんです。

アメは何なのか？　後援者、後援会の人に稽古を見てもらう。頑張っていると『いい稽古をしたな』とご祝儀をくださったり、食事に連れて行ってくださったりする。すると、稽古に熱も入るし、自分の得意な形も見えてくる。どんどん上達してくるんですね。餌で釣るのか、って思うかもしれませんけど、最初はそれも大事なんです。でも、上達してくると、もっと相撲がうまくなりたいって、どんどんやるようになりますから。

掃除なんかもそうです。掃除なんて、好きなやつはいませんよ。だから、手を抜いて適当にやります。でも、一生懸命にやってる子には、ご褒美に近くのレストランに連れて行くんです。すると、他の子も『俺も行きたい』と言って、やり始める。一生懸命にやることが日常的になってくるんですね。そうなると、嫌いだった掃除が得意になるんです。

面白いのは、新弟子が入門してくると、2年目のやつが偉そうに言うんですよ。

『お前な、嫌いなことからやっていけよ。やっているうちに得意になるからな』って。

それを見て『ああ、一つ成長したな』と。子を預かっている親方としては、うれしい瞬間ですよね。人間はやっぱり、嫌いなことが得意になったら成長するんです。そして、得意なもの、好きになったものは、一生好きでいられます」

心のど真ん中に「好き」を置く

九重親方は、さらに成長の要諦《ようてい》についても話してくださいました。

「大事なのは〝好きだからやっている〟というのを、自分のど真ん中に据えることです。頭の片隅じゃなく、心のど真ん中に『好き』がある人は、やはり成長していきますね」

同じようなことを、工藤さんも「想い」という言葉で表現されています。

「想いがなければ、人は成長しない。想いが強ければ強いほど、それは行動に出る」と。

工藤さんの話を聞いてみましょう。

「私は野球を始めた頃、いかにラクしてうまくなれるか、だけを考えていました（笑）。もともと『面倒くさいことはやりたくない』というタイプの怠け者なんです。若い頃は、先輩や監督にアドバイスされて『はい』『そうですね』『すみません』と、惰性《だせい》で返事をしていました。本当は『違う』と思っているのに、面倒なことになるから言わない。せっかく伝えてくれた相手の想いを、何の想いもなく、受け流していたんです。自分の想いが弱かったんですね。

でも、プロ野球は、そんな気持ちでやっていけるような世界ではありません。厳しい世界で何年も現役を続けるには、やはり〝強い想い〟が大事なんです。想いは、人それぞれです。『記録を打ち立てること』という人もいるだろうし、『周りからの称賛を浴びる』という人もいるでしょう。『誰かに認められる』とか『家族に応援される』ということかもしれません。そうした想いが、人を困難に向かわせる原動力になります。

プロ野球の世界では、努力すればするほど結果が自分に返ってきます。それはわかっているんだけど、反面で、ケガを恐れたり、このトレーニングで大丈夫なのかと迷ったり、ノックアウトされることを恐れる自分もいるんです。でも、怖がってばかりじゃ野球はできません。困難なことにも立ち向かっていかなければならないのです。そのときには、やはり〝強い想い〟が必要なんです。

想いが強くなると、行動が変わってきます。一つのプレーに対しても『なぜ?』『どうして?』という疑問が生まれ、『ならば、どうしたらいいか?』と、最後の答えに行き着くまで、一生懸命に自分の頭で考えて行動するようになる。私自身がそうでしたから。家族ができたことで、困難なことにも『よし、やってやろう』と、勇気を持って立ち向かえるようになったのです。

監督になって、選手と接してみても、想いがある選手はわかりますよ。そして、そういう選手は、壁に阻まれても、それを打ち破る力がある。『できない』と思えば、そこで終わりなんですけど、『やってやろう』と思うんですね。だから、おのずと未来も開けてくるんです」

人参はよき人参になる。だが、よき大根にはならない

素質の壁を越えるには、心のど真ん中に「好き」や「想い」を据える――。九重さんや工藤さんの言葉は、実体験から絞り出されたものなので、重みがあります。

しかしいっぽうで「才能がなければ、いくら好きでも、想いがあっても、無理だよね」という反論も聞こえてきそうですね。そこで、この章の最後に、才能について考えてみたいと思います。

才能ってなんでしょう？　私は、その人の「性質」が表れたものだと思っています。

性質が活きるように努力したり、行動したりすると、才能が伸びてきます。

逆に、全力でチャレンジしても、才能が開花しなかったのなら、それはその人の性質に合っていなかったのだと思うのです。

そうなったら、方向転換です。それだけが人生じゃありませんから。

たとえば、野球で、その人の性質として、プレーヤーで活躍できる人もいます。いっぽうで、プレーヤーとしては活躍できなかったけど、性質として、人を伸ばすのがうまい人もいます。だったら、その人は、指導者を目指せばいいのです。

アメリカ・メジャーリーグで稀代の名監督と称されたトミー・ラソーダさんは、投手出身で、メジャーでは０勝４敗しかしていません。しかし、人を育てることを勉強し、監督として才能を開花させました。選手としての才能はなかったけど、指導者の才能があったのです。野茂投手がメジャーリーグで活躍しましたが、そのときの監督さんがラソーダさんです。私もドジャースのキャンプで何度かお会いしましたが、ほとばしる情熱を持った方でした。

つまり、性質は、人それぞれであり、それをどう活かすか、なのです。

私の師匠は、人間の性質（才能）について、よくこんな話をしてくれました。

「人参はよき人参になる。大根はよき大根になる。人参はよき大根にはならないよ」と。

「人参におしろいを塗っても大根にはならない。白く染めても大根にはならない。ところが現代は、人参を大根にしようっていうのが多くていかん」と、よく嘆いていました。いまから30～40年も前の話です。

九重さんも、同じ話をしていました。「全員が力士として大成するわけではない。ちゃんこ長や、掃除長として活躍の場を与えて、そこで人間を磨く」と。

ちょっと話は変わりますが、薬師寺金堂や西塔などを再建した、宮大工の西岡常一さんという棟梁《とうりょう》がいました。そのご著書の中に、「木は育成の方位のままに使え」という一節があります。

南側に立てる柱は、山の南斜面に生えていた木を使う。

北側に立てる柱は、山の北斜面に生えていた木を使う。

山の南側の木は細いが強く、北側の木は太いがやわらかい。育成場所によって木にも性質があり、それを活かして堂塔を建てることで長持ちするというのです。

人間も同じです。自分の性質を深く突き詰め、それを活かせるよう、磨き続ける――。素質の壁を越えるには、それが唯一の方法なのかもしれません。そして、自らの性質は、厳しい環境で自分と真摯《しんし》に向き合うことで見えてくると思うのです。

性質と性格は違う。「あるがまま」を見るとは

私がよく質問を受けるのは「性質と性格の違い」についてです。

私の答えはこうです。「性質は変わりませんが、性格は常に変化します」と。

わかりやすい例で話しましょう。

たとえば、赤信号で待っているお母さんがいます。このお母さんは、子どもの手を握っているときは、車が来なくても渡りません。「赤信号は渡っちゃだめよ」と、教える立場にあるからです。ところが、一人のときは、さっさと渡ってしまいます。

このように、状況や環境、立場によって変わるのが性格です。子どもの前ではルールを守るのに、一人だと守らないこともあるわけです。

人前では「とても社交的で明るい」と思われている人が、家に帰ると「とても暗い」

なんていう例も、ざらにあります。

このように性格は、常に変化しているのですが、それを性質と思ってしまうと、自分を見誤ることになります。

見た目で判断すると、誤りやすい。工藤さんや九重さんが「選手をよくよく観察する」というのは、その性質を見極めようとしているのだと思います。

あるがままを、ちゃんと見ようとしているのです。

「あるがままの自分」を知ることができれば、「どう対処すべきか？」も見えてきます。

そのためには、自分と深く向き合わないといけないのですが、現代は、その機会さえ奪われています。「ありのままでいいよ」という〝見せかけの優しさ〟が独り歩きしているからです。「あるがまま」でいいはずがないのです。悪かったら直さなきゃならない。

正すべきは正し、伸ばすべきところは伸ばす。そのために「あるがまま」を見る。ここを勘違いしてはいけない、と私は思っています。

第4章

個を伸ばし、集団を鍛える

トイレ掃除をよくする人は横綱になっている

九重さんのお話の中で、私の修行時代にもぴったり当てはまることが、いくつもありました。「稽古より、掃除の時間のほうが長い」というのは、その典型です。

こんなことがありました。私がまだ20代前半の頃の話です。

「掃除なんて合氣道と関係ないのに」と思って、嫌々やっていたら、師匠に呼び出されて、「お前、掃除なんて合氣道と関係ないと思ってるだろ？」と、ズバリ言い当てられました。

「そんなことありません」と取り繕ったのですが、「うそをつくな。顔に書いてある」と。

なぜ、それほど掃除をするか、当時の私にはその意味がわからなかったのです。私の場合、稽古の時間を「１」だとしたら、掃除の時間は倍の「２」でした。

九重さんも同じで「ひたすら掃除をしました」と言っています。九重さんは、その理由を、次のように推測してくださいました。

「はっきりした理由はわかりません。でもやはり、精神の鍛錬なんだと思います。一つのことに心を込められるかどうか。うちの師匠も、俺が嫌々やっているのを見抜いていたんでしょうね。で、こう言うんです。『トイレ掃除をよくした人は横綱になってるぞ。北の湖も大鵬も全員やった。あの貴乃花だってやってたよ。もちろん、俺もやったよ』と。そんなふうに言われると『よし、やるか』となる。俺、単純だなって思うけど（笑）。でも不思議なもので、地道にやっているうちに好きになるんですよ。真剣にやるようになる。そして、相撲も強くなっていくんですね」

九重さんに話をお聞きして、私は広岡達朗さんの言葉を思い出しました。

広岡さんは、「この選手はモノになる」と、ひと目で見抜いてしまうので、「選手のどこを見ているのですか？」と聞いてみたのです。すると、こんな答えが返ってきました。

「一番わかりやすいのは、人の話を聞いているときや、練習の態度ですね。失敗したときに、まわりに言い訳をする選手はダメです。

反対に、空振り一つで激しいくらい悔しがる選手は伸びます。

コーチの言うことに『はい！』『わかりました！』と、返事だけよいタイプも長続きしませんね。そういう小器用なタイプは、その場でできても、明日にはまた元に戻ってしまいます。むしろ少し不器用で、明日も明後日も、ずっとできるようになるまで、コツコツ続ける人がモノになりますね。

『人の言葉を簡単には信じないけど、納得したら徹底的にやる』という素直さも大事な要素かもしれません。西武で監督になったときに、前の年に石毛宏典がルーキーイヤーで3割打ったんです。私は1年目の結果で満足してほしくなかったから挑発しました。『お前、それでよく新人王が獲れたな』と。彼は不満そうな顔をしていましたよ。そこで私は、彼のライバルに当たる選手を丁寧に指導しました。石毛はピンときたんでしょうね。自分から熱心に練習するようになりました」

掃除と石毛選手の話は、一見、無関係に思えます。しかし、根底には「納得したらとことんやる」という一途さがあると思うのです。

1ミリのずれは、やがて1メートルのずれになる

私の師匠（父・藤平光一）は、私が掃除した後を見に来ることがよくありました。しかも、私がいないときに来るのです。

あるとき、時間がなかったので、ちょっとだけ手を抜いたことがありました。でも、師匠からは何も言われません。それで私は「ああ、あれくらいでいいんだな」と、すっかり油断してしまったのです。「昨日、何も言われなかったから今日もこれくらいで大丈夫だろう」となり、その次の日も「これくらいでいいや」となっていきました。

その後、どうなったと思いますか？

1週間も経つと、私はすっかり、ずさんな掃除をするようになっていたのです。自分では手を抜いているつもりはないのですが、気づかないうちに変容していたわけです。

師匠は私を呼び、こう言いました。

「人は、一度に1メートルずれたら、それに気づくだろう。しかし、1ミリのずれは認識できないものだ。だが、その1ミリのずれは、やがて1メートルのずれになる。そうなって初めて気がつくのだが、その大きなずれを修正するのは困難だ」と。

師匠は、私が自分で1ミリのずれに気づくよう、しばらく黙って見守っていたのです。

師匠は私に「1ミリのずれを防げるのは、お前だけなのだよ」と、優しく言いましたが、それが逆に心に刺さりました。自分の未熟さが、深く理解できたのです。

一人の〝微差〟が、チームの〝大差〟になる

じつは工藤さんも監督時代、これとほぼ同じことを選手に言っていたそうです。工藤さんの話を聞いてみましょう。

「掃除を見るだけで1ミリのずれに気づくというのは、本当にすごいです。そして、それを黙って見守り、タイミングを見て、心にズシンと響く指摘をする。まさに、〝氣の達人〟だと感心しました。

私が選手に言っていたのは『微差が大差を生む』ということです。

これは〝妥協〟に関することで、『まあ、いいか』という〝小さな妥協〟が、やがては大きな差となるよ、ということをくり返し言っていましたね。

野球はチームスポーツですから、一人が妥協したら、周囲の人間も必ず妥協し始めます。『ああ、それでいいのか』と。そしてチーム全体が妥協するようになっていきます。

そんなチーム、勝てるわけがありません。

選手だけじゃなく、コーチや監督の私にも同じことが言えます。

本当は選手に指摘して修正すべきことがあるのに、『まあ、今日はいいか』と言葉を飲み込んでしまうことがあります。でも、一つ妥協すると、明日も『まあ、いいか』、明後日も『まあ、いいか』と妥協が続いてしまうのです。コーチだって人の子ですから、指摘なんてしたくない。ギスギスするのは嫌ですからね。それに、コーチもかつては選手だったわけで、選手の気持ちもわかる。だから、つい妥協してしまうのですが、やはり、それをやってはいけないのです。

厳しいことを言うようですが、自分に妥協した途端、その選手は、それ以上、成長もしなくなります。だから、私たち指導者は、鬼だと思われても、常に言うべきことは言うし、やらせるべきことはやらせないといけないのだと思うんです。

人に偉そうなことを言う以上は、こちらも責任が生じますからね。『あなたはできているのか？』と言われるようではみっともない。こっちも必死にならざるを得ません。でも、その気持ちが通じてくれれば、相手は聞く耳を持ってくれるのです。『あの人は真剣なんだから、自分も手は抜けない』と。真剣が真剣を生む。そうやって、お互いに磨かれていく。切磋琢磨ってそういうことだと思うんですよ」

王さんを胴上げしなきゃダメだ

工藤さんは、現役時代に、4球団を渡り歩きましたが、小さな妥協が積み重なりチームが崩れていった例を見てきたと言います。まさに「微差が大差を生む」例です。工藤さんのリアルな体験を聞いてみましょう。

「常勝の西武からダイエー（現・ソフトバンク）に移ったときです。王監督が就任したのですが『強いチームを作りたい。うちでやってくれないか』と、誘われたんです。西武時代に〝おやじ〟と慕っていた部長の根本陸夫さんが、先にダイエーに移り、私を呼んだんですね。

でも、ダイエーに行った瞬間に『あっ、これじゃ勝てないわ』と思いましたね。

なぜなら、妥協が横行していたからです。エラーしても『まあまあ』。暴投しても『まあいいか』。打たれても『仕方がないよ』……と、何が起きても妥協なんです。

王監督は就任1年目で、熱い想いは選手に伝えるものの、そこまで強くは言えない。コーチ陣も『まあまあまあ』って雰囲気で、チーム全体に妥協が蔓延《まんえん》していました。練習の質も、西武とはまるで違います。手は抜くし、細かいところを詰めようとしない。そもそも、集合時間にも集まらない。試合中も、交代を告げられた選手が控室で、テレビつけながら将棋とかやってるんですよ。『ダメだ、こりゃ！』って思いましたね。さらに、試合後のロッカールームでは、負けたのに『今日はどこの店に行こう』って大声でしゃべってる。私は頭にきてベンチをひっくり返したこともありました。『お前、負けたんだぞ。そんな話、してるんじゃねえよ。もし、やるんなら外でやれよ』って。

戦力というより、まずはチームの雰囲気を変えなきゃいけない。でも、さすがに先輩には言えないので、若い選手に『これじゃダメだぞ。勝ちたいならこうしろよ』と言いました。小久保裕紀、井口資仁、村松有人、浜名千広、同級生には藤本博史や若井基安もいました。いいメンバーがいるのだから、絶対に強くなる。移籍した私がやれることは、チームに染まって妥協を広げることではなく、雰囲気や習慣を変えることだと覚悟したんです。

練習はトレーニングコーチが決めて〝○○〟〝△△〟〝◇◇〟と黒板に書くんですけど、そこに〝×（かける）2〟とか〝×5〟とか書いて、『コーチ、これでいいですね』と。もちろん、そうするからには、自分が率先してやらなきゃならないんだけど（笑）。家に帰り、妻にそんな話をすると『なんで、そんなことをパパがするの。やめなよ』って怒られましたけど、でもやっぱり、自分のチームに強くなってほしかった。それに、根本さんからは『王さんを胴上げしなきゃダメだ。ダイエーが強くなって王さんと長嶋さんが日本シリーズで戦うようにならないと、日本の野球は衰退していく』と言われていたので」

世界の王監督と選手の温度差を埋める

選手が自ら雰囲気を変えていく――。

頭ではわかっていても、実際にそれをするのは、勇気がいることです。しかし、それによって、ダイエーは本当に飛躍し始めるのですから、工藤さんの覚悟のほどがうかがえます。もう少し、お話を聞いてみましょう。

「王さんは、私の中でも特別な存在でした。やはり〝世界の王〟ですからね。その王さんがダイエーの監督になり、ミーティングで熱く語るんです。『俺たちは勝たなきゃいけないんだ』って。『負けたからミーティングしているんじゃない。プロ野球は、ファンに支えられて成り立っているんだ。ファンは俺たちが勝つのを見て元気になってくれるんだ。だから俺たちは、ファンのためにも必死で勝たなくちゃダメなんだ』って、すごく熱いんですよ。

それなのに、チームの中には『監督、負けたときしかミーティングしないよな』なんて言うやつもいて、温度差がある。私は、それを埋める存在にならなきゃと思ったんです。

西武では、広岡監督に鍛えられて〝プロの意識〟とか〝必勝法・必敗法〟とかを、体にすり込まれているので、王監督が言いたいことはよくわかります。だから、それを伝えることも自分の役目なんだと思っていましたね」

工藤さんの話は、プロ野球界だけでなく、どの世界、どの企業にも当てはまると思います。その世界にいるうちに、いつのまにか雰囲気に染まってしまうという経験は、誰にでもあるのではないでしょうか？

これについては、九重さんも、ご自身の体験を語ってくださいました。

「毎日、厳しい稽古をして、勝ち負けをくり返しているうちに、いつの間にか慣れてしまうというか、『何のためにやっているのか』という、大事な部分を忘れちゃうんですね。

相撲も、ファンがいて、お客さまがいて、スポンサーが応援してくださって成り立っているのですが、いつのまにか、自分中心に物事を考えるようになるんです。

俺も、天狗になっているときがありました。『もし次の場所に俺が出なかったらお客さん来ないだろ。満員御礼なんてならないだろ』くらいの勘違いをしてましたから（笑）。〝結びの一番〟とか〝結びの前〟で相撲を取り続けているうちに、おかしな錯覚をするようになるんですよ。でも、俺が休場しても興行は盛り上がるし、満員御礼にもなる（笑）。そこでギャフンと言わされて、自分の思い上がりに気づいたこともありましたね」

選手をとにかく観察する

九重さんの話もまた、工藤さんが言う「微差が大差を生む」ということなのでしょう。その世界で過ごしているうちに、微差に気づかなくなる。そして、微差が生じた自分を〝基準〟として考えるようになり、どんどんずれが大きくなってしまうわけです。

しかし、たとえば指導者がそこでアドバイスをしても、本人がその微差に気づかないうちは、何も変わりません。それどころか、アドバイス自体をうっとうしく思われて、逆効果にもなりかねない。大事なのは本人が気づき、行動を起こせるよう、導くことなのです。

工藤さんが、監督時代の話をしてくださいました。

「ふつうの選手は、自然に低いほうに流れてしまいます。高いレベルを常に維持するのは、大変ですから。

オフの過ごし方も、自分が『落ちてきたな』と思ったら、やはり、何かを上積みしていかないと、以前のレベルまでもっていけなくなる。だから、本当は年齢を重ねるほど、厳しいトレーニングが必要なんだけど、それをしない。『いままでと同じで大丈夫』と思ってしまうからです。体力が落ちてきていること自体が〝微差〟なのに、それに気づかない。

監督になった当初、私は、オフの前に選手を集め『最低限、このレベルで来なさい』と、全員に課題を出していました。でも、2月1日のキャンプインの段階で、それをクリアできている人は、ほとんどいませんでした。

『やってきたか？』と問うと、『はい、やってきました』と答えるのですが、実際にやってみるとできない。で、『あれ？　今日は調子が悪いなあ』なんて言って、ごまかしている。私は『ああそうか。今日は調子が悪いんだよな。でもね、ちゃんとやれよ。そのほうがケガもしなくなるから』という話はしますが、それ以上は言いません。『何で、やってこないんだ』って、最初は詰めてたんですよ。でも、3年目くらいからは一切言わなくなりました。言っても意味がないから。自分で気づかない限り変わらないって、わかったんです。

試合中も、エラーしても言わなくなりました。その代わり『どうやってフォローしたらいいか？』ということを、コーチと話すようになりました。そうすることで、選手が自分で気づき、行動したり、何かを聞いてきたりする雰囲気をつくったんです。

私がやるのは、選手をしっかり見守ること。観察することです。すべてに目は行き届かないので、コーチとの連携が必要です。たとえば、エラーした選手が『明日は早めに来て練習します』とコーチに言い、コーチはそれを私に伝えます。私は『わかった。何時からやるの？』と聞いて、その時間に行って見守る。監督は全体の雰囲気をつくる。見守ることは、その一つです」

選手の言葉だけをうのみにしない

工藤さんの〝見守る〟という行為は〝気を向ける〟という行為でもあります。〝気が合う〟とか〝気が通じる〟という言葉がありますが、相手と気を通わすことが、コミュニケーションの基本で、これができると自然にいろいろなことがわかってきます。

工藤さんの話は、さらに続きます。

「グラウンドで内野手やバッティングを見て、ピッチャーを見て、外野手を見て、残りのバッティングを見て。プレーだけでなく、私を見る目とか、しぐさとかも見ます。すると『好調だな』とか『ちょっと悩んでるな』と、すぐにわかる。いつも見ているから微差にも気づくんです。で、様子を見ながら『今日は黙って見守ろう』とか『励まそう』とかを、使い分けていました」

工藤さんがやっていたのは、まさに合氣道だと言えます。合氣道では、相手の発する氣をみますが、工藤さんがしていたことは、まさに氣をみて、相手を導くことだったのです。これには、九重さんも賛同されました。

「俺も、そうです。力士も、調子のいいときは〝いいときなり〟に、悪いときは〝悪いときなり〟に、発しているものが違うんです。その発するものを見てますね」

つまり、工藤さんも九重さんも、発しているものを逃さずキャッチしているということです。工藤さんが、さらに教えてくれました。

「いいときは、放っておいていいんです。私がバッティングゲージの横でコーチと話をしていると、好調の選手は、私を見て『監督、おはようございます』なんて言って、スッと向こうに行ってしまいます。こんなときは『ああ、調子がいいんだな』と思って放っておきます。

でも、私をチラチラ見たり、まったく目を合わせたりしない選手もいます。コーチに『何かあったの？』と聞くと、『昨日のミスをかなり悔やんでいるみたいで』などと教えてくれます。『そうか。しっかり話をしてあげて』とコーチにお願いして、私はその場を去り、後でコーチから報告を受けて、対応するんです」

合氣道では、体の動きを見るのではなく、相手の発している氣をみます。修行時代、私は師匠の藤平光一から、何度もそれを言われました。

あるとき様子のおかしな弟子がいて、私は「大丈夫？」と声をかけたんです。すると、その子は「大丈夫です」と答えたので、放っておいたんです。でも、その後で、問題が発覚しました。私は師匠から、「口で言ったことをうのみにするのは、何もしていないに等しい。発している氣をしっかりみなさい」と注意を受けました。

ただ、自分の心がガサガサしていると、何もわからなくなるのです。「こういうふうに相手を変えてやろう」とか、先入観で「あいつはこうなのだろう」と思っていると、とくにそうなるのです。

前章の最後にお伝えした「あるがままを見る」ということにも通じています。

本当の「選手ファースト」とは

ここからは少し視点を変えて話をしましょう。

近年、「選手ファースト」という言葉をよく耳にするようになりました。とても〝聞こえのいい〟言葉ですよね。でもこれ、どういう意味なんでしょう？

「ファースト」の意味は幅広く、解釈の仕方によって、さまざまな「選手ファースト」が出てきてしまいます。ゆえに、この言葉が指導者を迷わす悪因にもなっていると思うのです。

ファーストの意味は「一番に」「最初に」「最も重要な」というのが一般的です。

本来は選手の現在と将来のことを考え、重んじることを意味します。しかし、「選手ファースト」という言葉の意味を取り違えて、何でもかんでも選手の好き勝手、やりたい放題にさせるのは、ちょっと違うのではないでしょうか？

近頃では「選手ファースト」だからと、言うべきことも言わずにいる指導者がいます。これでは「選手ファースト」ではなく、指導者の「責任放棄」でしょう。

指導者は、英語では「Leader」（リーダー）。つまり〝リードする人〟のことです。

どこに向かってリードするのか？　それは、個人やチームの目標達成に向かってです。何を指導するのか？　技術だけではありませんね。「心・技・体」のすべての成長に関与しなければならないでしょう。それらは三位一体のものだからです。

間違った方向に行かぬよう、見守りながら、導いてあげる必要があります。壁にぶつかって迷っているときには、状況と性質を見極めたうえで、「こうしてみたらどうか」と導くことが、やはり指導者の大事な務めだと思います。

また、目標達成には期限がつきものです。進み具合を見守りながら、そっと後押ししたり、押し戻したりすることも、指導者の大事な役割です。

好き放題にさせて道を誤っても知らん顔。これは真の「選手ファースト」とは言えません。

工藤さんが「選手をよく見る」と言ったのは、「選手ファースト」を徹底しているからです。しかるべき状況で、正しく導けるよう、まずは〝あるがまま〟を見る。余計な先入観や既成概念を捨て、選手を観察しているのです。

選手が自分で考え、行動する様子を、しっかりと観察し、何かあれば手を差し伸べる。

これがあるべき「選手ファースト」なのです。

ドラマ『サンクチュアリ―聖域―』で描かれたこと

九重さんもまた「力士ファースト」の指導者です。「稽古場の雰囲気は力士が決める」と言うように、力士にリードさせているところは、工藤さんと共通しています。

大ヒットしたNetflixのドラマ『サンクチュアリ―聖域―』をご覧になった方もいるでしょう。親方が竹刀《しない》で弟子を叩くシーンがありますよね。昔から、相撲界にはそんなイメージがありますが、九重さんはそんな古き習慣や部屋の雰囲気を一変させたのです。

ちなみに、一説によれば、このドラマの破天荒で素行の悪い主人公は若い頃の九重さん（元・千代大海）がモデルだとか。いまの九重さんとのギャップが何とも面白いところです。

チームの雰囲気について、工藤さんが、とても興味深い話をしてくださいました。

「試合前に、ベテランの選手に『雰囲気、頼むぞ』と言うと、『はい、わかりました』と、これだけです。たとえば、エラーした選手にも『監督、ちょっと話をしてきてもいいですか?』と、ベテランの選手が行ってくれます。

やはり、選手同士のほうがわかりあえますからね。エラーした選手も気持ちがほぐれるし、聞く耳を持ってくれます。ミスした後は、心が固まっていますから、話して、ほぐすことが大事なんです。

試合の緊張する場面も同じです。『緊張するなよ』と選手に言っても、余計に緊張するだけ。そんなときも、ベテランの選手が『監督、ほぐしていいですか?』と言ってくるので、『おう、頼むわ』と任せる。すると、選手を集めて、何やかんや言っている。そのうちにみんなが自然にほぐれてきて、リラックスしてくる。本当にありがたいですよ」

九重さんも、自身の現役時代のことを引き合いに出しながら、話してくださいました。

「うちの部屋にも〝声出し役〟みたいな子がいるんです。その子が、みんなと積極的にコミュニケーションをとって、部屋の雰囲気をよくしてくれています。関取になれる子ではありません。でも、部屋を盛り上げてくれる。そういう存在が本当にありがたいということが、親方になってわかりました。

俺、現役時代、生き残るのに必死でしたから。自分のことしか考えない。同期のやつもいましたけど、仲良くなかったです。先輩や後輩とも仲良くありません。

俺は大関になったけど、普通に引退するやつもいたし、逃げていったやつもいました。だけど、引退して周囲を見回したら、俺、誰の連絡先も知らないんです。寂しいですよ。

声出し役をしてくれているその子には、仲の良い関取衆がいっぱいいます。おかげでうちの部屋は、雰囲気がすごく良いです。馴れ合いじゃなくて、みんなで高め合っていこうぜ、という雰囲気がある。これってすごい大事なことなんですよ」

もし、俺が親なら、自分の子を相撲界に入れたいか？

九重さんの話は、さらに続きます。

「俺は親方で、よそ様の大事な子を預かる身です。この子たちが生きていくためには、うちの部屋だけでなく、相撲界が発展しなきゃならない。でも、現実問題として、力士は減ってきています。このままでは先細りしていくのが目に見えています。

そこで『もし、俺が親なら、自分の子を相撲界に入れたいか？』って考えたんです。

正直、『以前のままの相撲部屋が続くようなら入れたくない』って思いました。だから俺は、部屋を変えなきゃって思ったんです。自分の子を『お相撲さんにしたい。九重部屋に入れたい』って思ってもらえる部屋にしなきゃいけない、って思ったんです。

それが相撲界の発展にもつながるとも思いました。厳しくして、叩いて、番付が上がればそれでいいっていう考え方は、いまの社会では受け入れられませんから」

九重さんは、自分の部屋だけでなく、相撲界全体の発展という目で指導をされている。これは工藤さんにも通じることです。

九重さんが、さらに心のこもった話をしてくださいました。

「俺、いま、偉そうなこと言ってますけど、最初は迷いました。殴られるのが当たり前の世界で育ちましたから。そんな俺が、それを否定するようなこと言っていいのかなって。

でも、思ったんです。『殴られて、気持ちがいい人っていうのは、成功者だけだ』と。俺もそうですけど、三役や横綱になったような人たちは『師匠に殴られたから、いまの自分があるんです』と言います。だけど、そう言えるのは、成功者だからですよ。

叩かれて逃げた子は、たぶん、一生、相撲界のことを嫌いますよ。それがトラウマになって、何らかの障壁になっている人もいるかもしれません。

俺は、親方になるまで、そんなこと一切考えもしませんでした。逆に『男は殴られて強くなるんだ』とか『殴られずにグジュグジュ言われるほうがつらい。一発殴られたら終わるんだから』などと思ってました。

だけど、いまの子たちは違います。やっぱり、俺のやり方や昔のやり方に合わせるのではなく、いまの子たちに合ったやり方を探さないといけない。もちろん、全部がうまくいくわけではなくて、失敗だらけなんですけど、それでもくじけずにそこから学んでやっていくしかないと思っています」

失敗した指導者は見守れる

工藤さんは、大きくうなずきながら、こう話してくれました。

「私も、いっぱい失敗しましたよ。厳しく育てられてますから、やはり最初は、自分も厳しく選手を責めたりしました。でも、うまくいかないことが多かった。だから3年目には、何も言わなくなりました。選手を見守るようになったんです」

〝見守る〟というのは、聞こえはいいものの、それを実践するのは大変です。

じつは、私は10年ほど前に内弟子の仕組みをやめました。私自身が内弟子出身でしたし、この仕組みはもう何十年と続いてきたものですが、どうしたらいまの若い世代が育つかを突き詰めた結果、やめることにしたのです。そもそも、この仕組みは道場の外においても師匠と一緒に過ごす時間を得ることが目的でした。日常のちょっとした師匠の行動に、合氣道を身に付けるうえでの大変なヒントがあり、それは道場で学ぶだけではなかなか得られないため、行動を共にする、という制度です。つまり、主体が弟子の側にある。「学びたい」という欲があって初めて成り立つ関係です。

そんな中で「内弟子もどき」みたいな人が出てきました。慶應義塾大学在学中に心身統一合氣道を始め、東京大学大学院を修了後、どうしても私のもとで修行させてほしいと言ってきましたが、すでに内弟子制度がなかったことと、甘い世界ではないので断り続けました。彼は職業を転々とするうちに、全国で指導する私を追っかけるようになりました。仙台にも、名古屋にも、大阪にも、福岡にも現れます。しまいには、アメリカのラスベガスまで。根負けして私のもとで修行するのを許すことにしました。

頭が良すぎるのか、日々、いろいろなことが起こります。内弟子は師匠の着替えを手伝います。私自身は着替えに手伝いはまったく必要ないのですが、心配りの訓練のためにしてもらっています。それが何回やってもうまくいきません。着替える順番に関係なく道着や服を渡されるので、着替えにくいことこの上ありません。

考えてみれば、自分も数々の失敗をして師匠に見守ってもらってきました。ここで自分がさじを投げては筋が通りません。社会人として必須なことはしっかり訓練して身に付けてもらい、あとは良いところを伸ばしていくだけです。

膨大な時間をかける内弟子制度はできませんが、主体性を持って学ぶ環境を整えることは常に模索しています。

箸の上げ下ろしから教える覚悟で

工藤さんと九重さんは、私の話に「あるあるですね」と笑い、楽しいエピソードを紹介してくださいました。九重さんの話です。

「師匠は一生苦労しますよね。人を育てるのは、答えのないことですから。相撲界は、中学を卒業して15歳で親元を離れて入ってくる子もいる。だから極端な話、箸の上げ下ろしから教えなきゃならない。何も知らない子どもですからね。そこには、おかみさんの存在が欠かせないし、その苦労は大変なもんですよ。

たとえば、食器を洗うにも、一回の洗い物で洗剤を1本使い切るやつがいる（笑）。まあ皿だけでも50～60枚もあるから、ふつうの家庭よりも量は多いんですけど。それにしても考えられないことをやらかす。ついこの間も、洗濯場から『何やってんの』と、おかみさんの悲鳴が聞こえる。慌てて見に行ったら洗濯機から泡がモコモコと溢れている（笑）。洗剤の適量がわからないんです。もうね、指導はここからですから。見守るというのは、簡単じゃない。辛抱の連続ですよ（笑）。

人を育てるのに『こうしておけば大丈夫』なんて答えはありません。だって、人は一人一人違いますからね。だから、その分、工夫しなきゃならない。育つための工夫です。でも本当に育つかはわからない。だから、同じ分だけ辛抱もしなくちゃならないんです」

いい生活を見せるのも大事

工藤さん、九重さんの話をうかがっているうちに、こんな光景が浮かんできました。

良質な畑の中に、たわわに実る農作物――。

畑の土を丹念に耕して、肥料を撒く。太陽の光を浴び、雨が降り、良い土壌がつくられる。すると、その畑の作物は、自分の力で育つようになります。

まさに、指導者は、このような良質の畑をつくれる人なのです。もちろん、果実が〝自分の力で育つ〟と言っても、それなりの対策は必要です。天候によって与える水の量を調節する。災害や虫・獣への備えも大事でしょう。手をかけすぎれば弱くなり、放っておくだけでも育ち切らない。よく育つには〝いい加減（良い加減）〟が必要なのです。見守ることも、その一つだと思います。

たとえば、水や肥料などは、どうやって与えたらいいのか？　良い畑で勝手に育つ、と言っても、人間には感情がありますから、簡単ではありません。厳しい環境の中でも耐え抜くには、やはり〝心を奮い立たせる何か〟が必要です。

これについて、九重さんはこう言います。

「プロの野球選手もサッカー選手も『子どもたちに夢を与えなきゃいけない』って言うじゃないですか？　批判されるかもしれませんけど、それは〝いい生活〟のことですよね。

『現代の子は欲がない』なんて言いますけど、そんなことはありません。だから俺は、いやらしいけど、わざと、高い時計をしたり、車に乗ったりするんです。お前たちも、強くなったら、こういうことができるようになるんだよって。それはモチベーションになります。

たとえば『自転車がほしいです』って言う子には、来場所、勝ち越したら買ってもらえるんじゃないの、と言って、実現したら買ってあげます。俺の頃は、そんなことなかったですけどね。いまは、そのくらいの初期設定が必要だと思っています」

避けて通れないお金の話、相撲界とアメリカマイナー野球の共通点

九重さんは言います。

「力士たちは、プロ野球選手の契約更改のニュースをよく見ていて、自嘲気味に話しま

す。

『あの人1億円。俺たち50万円』って（笑）。

幕下以下の力士には〝給料〟はありません。場所ごとに8万円の〝手当〟がつきます。

つまり、２か月に1回、8万円が支給される。それが年に6回ですから、年俸は48万円ということになります。これは序二段の場合で、これより下の序ノ口は42万円、上の三段目は60万円、幕下になっても90万円です。ところが十両からは一気に上がります。

年間の給料は、十両が約１４００万円、幕内で２１００万円、大関で３８００万円、横綱で４７００万円となっています。この他にも『懸賞金』や後援者からのご祝儀なども加わりますから、強くなるほど、人気力士になるほど、収入は増えていきます。

でも、幕下以下の子の〝稼ぎ〟は、そんなものなんです。泥だらけになって、立てなくなるまで投げ飛ばされて、全身に傷をつくっても、お金はもらえない。『プロ野球選手はいいよな』と、愚痴の一つもこぼしたくなるのは、当然です。

だから俺も、若い力士には話すんですよ。『お金だけで比べると、うらやましいよな。でも、お前たち、食べるものも、寝るところも、風呂も全部タダだよ。あの人たちは高級マンションに住んで、高い家賃を払ってる。税金も半分持っていかれる。お前たち、払ってないだろ。そうやって相撲に専念できるんだよ。それっていいことじゃないか』って。

もちろん、若い衆もそれで心から納得するわけじゃないんですけど、だからこそやはり、強くなっていっぱいお金稼ぎたいって思う。そして、その思いがあるから、つらくても頑張れる、というところがあるんです。俺もそうでしたよ」

私が指導したドジャースのマイナー選手たちも、相撲界と似た状況でした。十分な報酬が出ないので、マイナー選手は、安価なハンバーガーくらいしか口にできません。しかしそれだと栄養が偏るので、球団は食堂に、野菜や果物を用意しておきます。彼らの、それをひたすら食べていた姿が印象的でした。

〝ハングリー精神〟なんて言うと、「根性論だ」とか「古臭い考えだ」などと非難されてしまいます。しかし、それが「強くなりたい」という原動力になっているということも事実なのです。

もちろん、そこに胡坐をかいていて、いいわけではありません。だからこそ、工藤さんも九重さんも、選手の行動を尊重し、それを見守る指導を続けているのです。

コミュニケーションは「50対50」で考える

合氣道だけでなく、どんな関係においても、形のない〝氣〟が相手と通じていることは、みなさんも理解できるのではないでしょうか。たとえば、あなたがイライラしていたら、いつのまにか相手もイライラし始めた、なんてケースはよくあることだと思います。

「ねえ、何か怒ってる？」と聞かれ「別に怒ってないよ」と答えますが、全身からは怒気が漏れていて、それを感じた相手は不安になってしまうのです。

このように、よくない氣も伝わりますが、もちろん、よい氣も伝わります。道を歩いていて、見ず知らずの人が嬉しそうに歩いているのを見て、思わずこちらもハッピーな気持ちになったことがあるでしょう。これも氣が伝わっているからなのです。

せっかくなら、よい氣でつながっていたいものです。そのためには、やはり、相互のコミュニケーションが大事なことは言うまでもありませんね。

　工藤さんも、九重さんも、「率先して、選手と共通の話題をつくる」と言っています。工藤さんは、こんな話をしてくださいました。

「コミュニケーションって〝フィフティ・フィフティ〟で考えなきゃいけない。だから、私のほうから『ふだん、部屋で何やってんの？』とかって聞きます。『Netflix観てます』って答える子には『おすすめの作品ある？』とか聞いて、私もそれを観てみる。で、『あの韓国ドラマ、面白いなあ。5話目まで一気見しちゃったよ』などと共通の話題をつくって話しかけるんです」

　工藤さんの話を聞いて、九重さんは驚きながら、こんな感想を告げました。

「工藤さんでも、そんなことするんですね。失礼ながら、俺、今日まで、工藤さんってめっちゃ怖い人かと思っていたので。プロ野球で、あれだけ活躍した人ですから。俺の師匠（元・千代の富士）と同じにおいを感じ取っていたんです。この人の心の中にも鬼がいるんだろうなって（笑）。だから、今日も緊張してきたんですけど、まさか、自分から選手に話しかけて、選手から薦められた韓国ドラマ観てって話を聞くとは思いませんでした」

変わる勇気を持たない人は成長しない

九重さんの話に笑いながら、工藤さんはこう答えてくださいました。

「変わる勇気ですよね。自分が変われば、みんなも見え方が変わる。信頼関係も変わってきたり、コミュニケーションも変わってきたりします。

コミュニケーションがうまく取れないっていうのは、ひょっとしたらどこか、壁じゃないですけど、自分に変われない要素が何かあるのかもしれませんね。

こだわっちゃったりするんですかね、自分に。教えられたものや、体験したことだけで考えていると変われませんよね。学ぼうと思えば、教わることはいっぱいありますから。

そのうえで『あ、これは違うんじゃないか』って思ったことは思い切って変えてみる。そこには行動力とか勇気とかも必要だから、なかなかできない。みんな、他の方法論は知らないし、試す勇気もないから、自分のやり方を押し付けちゃうんですよね。

だけど『違うかな?』って、少しでも思ったのなら、そのクエスチョンを、素直に自分で受け止めてみたらいいと思います。行動するには勇気がいるけど、やってみたら

『あら、うまくいった』って、案外、簡単かもしれませんよ。するとと今度は、自分が考えて、クエスチョンを出して『こっちのほうがいいんじゃね？』って思ったことを、思い切ってできるようになるんですよね。こうなると、どんどん変われるわけですよ。『これもだろう、あれもだろう』って。

いわゆる〝成功体験〟ですよね。指導者にも成功体験が必要で、一つの成功が、次の成功につながっていくんですね。

私は、監督になって、それがわかりました。で、若い選手にも、小さな成功体験を与えるようになったのです。何が成功体験になるかは、人それぞれです。それは、一軍に上がることかもしれないし、認められることかもしれない。打席に立つことかもしれない。あるいは、打てる打てないに関係なく、『君は一生懸命やればできる人間だから、頑張れ』って言ってもらうことかもしれない。でも、そうやってモチベーションが上がったときに、ポーンとヒットが出たりする。そしたら一緒に喜んで、ほめてあげる。それは成功の『プラス』になるんです。

それが自信になり、勇気を持って、次の一歩を踏み出すようになります。成長って、この連続だと思うんですよね。指導者はきっかけを与えて、見守るだけ。育っていくのは本人なんです」

その言葉通り、工藤さんは30歳から厳しく自分を鍛え直し、47歳まで進化し続けました。どんなふうに鍛えたのか、それは次の章で見ていくことにしましょう。

第5章 美しい人は強く、強い人は美しい

伸び伸びと自分の才能を広げて強くなる

ピリピリした環境の中で追い込まれて強くなる――。

これまでのスポーツ界には、そのような風潮があったように思います。実際に、そのような環境で結果を残してきた先人は多数おり、それも一つの方法論に違いありません。いっぽうで、そうではない伸び方もあるのです。それが工藤さんや九重さんが目指しているところです。

伸び伸びと自分の才能を広げて強くなる――。

昨今、世界で活躍する日本人選手が増えていますが、まさに、そんな伸び方をしているのを感じます。私は、工藤さんが監督をしていたソフトバンクホークスの選手たちにも、同じような伸びやかさを感じていました。

ところが、マスコミの評価では、工藤さんは「厳しい」と、非難されることもありました。実際のところはどうなのでしょう？　ご本人が話してくださいました。

「周囲から見れば『厳しい』と映っていたんじゃないですかね（笑）。

でも、本当に、練習は厳しいですよ。やっぱり、練習に妥協してしまうと、すべてのことに妥協が始まりますから。

楽しい練習なんてありませんよ。実際、全速力で走ったら苦しいわけです。相撲も、みんな肩で息しながら稽古してるでしょ？　その瞬間は楽しくなんかないはずです。

できないことを、できるようになるまでやらないと、プロでは通用しません。人間って、その気になれば、意外と遠いところまで行けるもんです。自分が考えている限界なんて、本当は低いところで、『もう動けない』って思ってからが、本当のトレーニングの始まりだったりします。でもね、苦しいとつい『限界だ』って思ってしまうんです。で、限界を口にした途端、それを口実に、怠けたり、努力するのをやめてしまったりするんです。

プロ野球に限らず、どの世界でも、限界に向かって挑んでいく気持ちがないと、最終的には自分を鍛えられませんよ。それは肉体だけでなく、精神的なことも含めてです」

九重さんは、工藤さんの話を聞くと、「やっぱりうちの師匠（元・千代の富士）と同じだ」と大笑いしました。そして「ほらね、工藤さんの心にも、鬼がいるんですよ」と。

いずれにしても、工藤さんが自分の意思で、そして、自分にクエスチョンを投げかけて答えを見つけ、才能を伸ばしていったことは事実です。ここを深掘りしてみましょう。

プロ10年目くらいから同じ練習では通用しなくなった

工藤さんは、さらにこんな話もしてくださいました。

「私の心の中に鬼がいるかどうかはわかりません（笑）。でも、もし仮にいたとしても、それは人に見せるものではなく、自分を律するための存在だと思っています。

私は、運が良かった。広岡さんに出会い、とんでもない量の練習をさせてもらえましたから。おかげで、プロとしての土台ができました。逆に、これをやらないと、シーズンに入るときに『大丈夫かな』と、不安になってしまうんです。徹底的に鍛えられたときの練習がベースになっていて、おそらくそこに鬼もいる（笑）。これはとても幸運なことです。

ところが、その練習だけでは通用しなくなりました。プロ10年目くらいから成績が下がってきたんです。これまでの練習量では足りなくなったのです。筋力も含め、体力は年々落ちていくわけですから、それまでと同じ練習では、追いつけなくなるのは当然です。

『このままではダメだ』と思っていた矢先に、ハムストリングス（太ももの後ろ側）の肉離れを起こしました。そこで、治療とトレーニングを同時に診てくれる人を探したところ、筑波大学教授の白木仁先生に行き当たったのです。この出会いも最強の幸運でした。

白木先生は、私の脚に触り、意外なことを言いました。

『ああ、これは鍛えるしかないね』

『え、でも先生、鍛えるって言われても、痛くて動けませんよ』と言う私に、先生はこう返してきます。

『だろうね。でも、治療では治らない。これはもう、トレーニングじゃなきゃダメだね。肉離れは急性期を過ぎているから、マッサージでは痛みはとれない。だけど、鍛えることで痛みもとれる。別にやりたくなかったらやらなくていいけど、どうする？』と。

『この人、むちゃくちゃ言うな』と思いましたけど、単なる根性論ではありません。根拠のある科学なのです。私は、先生を信じてみることにしました。

ところが、すぐに後悔しました。そのトレーニングがとんでもないものだったからです。

私は〝科学は根性論よりもきつい〟ということを、思い知ることになったんです」

私の筋力のピークは37歳

根性論よりきつい科学とは、どんなものなのでしょう？　工藤さんがやっていたアウフバウ体幹トレーニングについて、もう少し聞いてみたいと思います。

「たとえば、２００メートルのインターバル・トレーニング（急走と休息をくり返す）を20本。しかも休息は30秒以内で、心拍数が１５０以下になる前に走り始めます。

それから、50キロのウエイトを持ったままのフライング・スプリット（ジャンプして足を前後に入れ替える）とか、めちゃくちゃなものでした。

トレーニング中の心拍数を測ると、いつも２００を超えている。感覚で言うと、口から心臓が飛び出しそうなんです。かなりきつかったですね。でも白木先生は、涼しい顔でトレーニングを命じるんです。

『大丈夫だよ。人間ってね、これくらいは平気なんだよ』と。

『これくらいって……。誰か、大丈夫だった人いるんですか？』と聞くと、『いるよ。スピードスケートで金メダル獲った清水宏保君とかね』と。『私は、あんな立派な下半身にならなくてもいいんだけど』と言うと、『でも、ピッチャーは下半身が大事って、工藤君が言ったんだよ。だから、強度が必要だと思ってやってるんだけどね』と、妥協がありません。

しかし『こんなにやって大丈夫なのか』と不安になるほど鍛えていくうちに、本当に、痛みがとれてきました。下肢の筋張ったところも、少しずつ小さくなっていき、下半身の状態が変化していることは明らかでした。

このような経緯で、私は30歳から白木先生のトレーニングを取り入れ始めたのです。

おかげで、私の筋力の一番のピークは、37歳のときです。

巷では『筋力のピークは10代後半』とか『20代前半』という説がありますが、それはあくまでも一般論です。人間の体は、鍛えれば鍛えるだけ、その通りに動いてくれるのだと、私は自分の体で証明できたわけです。

プロ野球ではよく『30歳を過ぎると速球派も技巧派になる』なんて言われます。年齢と共にスピードは落ちていくので、どうしても技巧派、コントロール中心になっていきます。でも私は、速球派は速球派のまま終わりたいって思っていたんですね。

で、白木先生に『できますかね？』と言ったら『できるよ』と。『よし。だったら速球派で貫いてみよう』と覚悟を決めて鍛えた結果、47歳まで現役を続けられた、というわけです。白木先生という〝笑顔の鬼〟と出会う幸運を得たからですが、私自身も途中であきらめたり、常識にとらわれたりせず、自分を信じて鍛えたことが大きかったと思います」

ミトコンドリアの図を描いてからトレーニング

工藤さんの話は、さらに「情報との付き合い方」にも及びました。

「理にかなっているかどうかは、自分の体が一番よくわかっています。だから、上辺だけのネットの情報は怖いんです。『〇〇したらいい』という情報は、その発信者にとっては良くても、他の99人には当てはまらないかもしれないからです。

だから、私は現場主義です。実際にやって、経過を見て、修正やフォローもする。

私が監督時代は、科学で証明されていて『これはいいな』と思えるものは、秋の練習時に積極的に取り入れました。選手には、パワーポイントを使い、図にして説明します。『このトレーニングをするとミトコンドリアが増えて持久力も筋力も上がっていくんだ』などと、しっかり目的も告げます。わかりやすいように、図ではミトコンドリアを緑色で表現したりしてね。選手が、それをどこまで聞いているかはわかりません（笑）。

　でもあるとき、トレーニングを終えた選手が私のそばにきて『監督見てください。ミトコンドリア増えました』って言うんです。そして『ほら！』と言いながら、ユニフォームをパッとめくり上げる。緑色のタイツを穿いてるんです。大笑いですよ。

　面白いでしょ？　その選手が話を理解できたかどうかはわかりません。でも、説明を聞いてくれたことは確かです。『監督の話、聞いてますからね』って、私にも敬意を表すために緑のタイツまで穿いてくる。そうなると私もさらに勉強するし、学んだことや体験したことは残さず伝えたくなります。人の心は人の心によって動く。これがリアルな関係です。

体を鍛える秋や春には、玄米や五穀米、ヒエやアワを球団に送ったり、専用の炊飯器を寄付したりもしましたね。人参やトマトもジュースにして、いつでも飲めるようにしました。

『体力的に弱いな』と思える選手が多かったし、長いシーズンを乗り切るには、食べ物が重要です。実際に、それを摂るか否かは選手の意思なんですけど、まずは意識をしてもらおうと。そのきっかけづくりのために、準備だけはしておきたかったんです」

持てる力を発揮するために合氣道を取り入れる

工藤さんのこの話も、「畑づくり」につながるものでしょう。

「やる・やらない」は選手の意思ですが、まずは人が育つ環境をつくるという考え方です。

思えば、工藤さんの師匠である広岡監督がそうでした。いまから60年も前、「野球選手は野球だけやればよい」という風潮の中で、広岡さんは「合氣道を教えてほしい」と私の父・藤平光一に師事したのです。

　野球で合氣道の技を使えるわけではないので、「人間が本来持っている力を、ちゃんと発揮できるようにしたい」というテーマを持って、道場を訪ねてこられたようです。ただし、最初は疑うことから始め、しばらくは稽古をじっと見ていて、いよいよ本物だと確信してから、よく稽古されたそうです。そして、「合氣道の基本的な姿勢や呼吸、心の静め方は、野球にも絶対に必要だ」と看破《かんぱ》されたのでしょう。勉強熱心というのは、頭が柔軟ということでもあるのです。

　広岡さんには〝頑固おやじ〟のイメージもあると思いますが、それは真実の断片でしかありません。野球界の発展のためには、変えるべきところはどんどん変えるし、妥協できないことは断固として撥《は》ねのける、という姿勢なのです。

　工藤さんにもその遺伝子は受け継がれていますし、その点は、九重さんも同じです。

　じつはいま、私の心身統一合氣道会には、九重部屋の若手力士たちが年に数回、稽古に来ています。「藤平先生、俺はあいつらに変わるきっかけを与えたいんです。合氣道の大事な部分を教えてやってください。少しでも変化を感じれば、自信になると思うんです」と、丁寧にお願いされました。この一点だけを見ても、九重さんの熱心さや柔軟さがわかるでしょう。

当たり前ですが、私は力士たちに、相撲は教えられません。

何を教えるのか？　それは「持てる力を発揮すること」です。たとえば、基本姿勢もその一つです。彼らは体も大きいし、力もとても強い。それなのに私を動かすことができなかったり、逆に、私は大きな彼らを簡単に動かしたりすることがあります。

なぜか？　それは、彼らの姿勢が動く瞬間に簡単に乱れるからなのです。ですから、基本姿勢を身に付ければ、確実に相撲も強くなれます。

道場で経験したことを、日々の相撲の厳しい稽古で練り上げることで、初めて体得できます。

他にも、呼吸や心の静め方なども学んでいます。相撲においても、やはり相手と向き合ったときに恐怖心が出てきます。すると、本来の力が出ず、体のバランスも崩れます。結果、自分の相撲を取れぬまま、負けてしまう。

こうなると、自信がなくなり、弱気になります。そうなったら、相手への恐怖心もますます大きくなるでしょう。せっかく恵まれた体や才能を持っていても、これではなかなか成長していけません。というわけで、持てる力を発揮し自信をつけるきっかけをつくろうと、九重さんは私に預けてくれたのではないか、と思っています。

勿論、自分で勝ち星を重ねて自信を付けるのが基本なのですが、「少しでも成長につなげたい」という、九重さんの〝親心〟を感じるのです。

心の柔軟性から誕生した「ウルフスペシャル」の秘話

ちょっと話は横道に逸れますが、九重さんの師匠である千代の富士関のお話をしましょう。「昭和最後の大横綱」と言われた千代の富士関が、先代の藤平光一のところに来られていました。心身統一合氣道には、傷めた箇所に手を添えて回復する「氣圧法」という手法があり、千代の富士関が父親のように慕う歯科医の先生の紹介で来られました。

当時、千代の富士関には強引な投げによって、肩を脱臼する癖が付いていました。氣圧法によって間もなく回復し、次の場所に復帰しました。あるとき、千代の富士関は、道場で指導する藤平光一の姿を1時間以上もじっと見ていたことがあります。そのとき、

「回転投げ」という相手の後頭部に手をかけて投げる技を指導していました。投げようとして力むと相手は反発し投げられませんが、相手の行きたい方向に尊重して導くと簡単に投げられることをやって見せていました。千代の富士関はハッとした顔をして、何かひらめいたようでした。

千代の富士関は、見ただけで覚えてしまったのでしょう。そうやって誕生したのが〝ウルフスペシャル〟という技です。それ以降は、この技で勝つ取組が多くなりました。横綱は負けるとニュースになるものですが、勝ってニュースになる豪快な技でした。

自信はやはり「どれだけやったか」にかかっている

自信とは、どこからくるのでしょう？

その答えは、人の数ほどあるのかもしれません。何が自信になるかは、人それぞれですから。

指導者はよく、不安げな選手に「自信を持ちなさい」などと言います。でも、選手にしてみれば、それはとても難しいことです。なぜなら、自信がないから不安なわけで、自信が持てるようなら、最初から不安にはならないからです。

ふだんから自信のない人に「自信を持て」と言っても、それは逆にプレッシャーをかけるだけの結果になりかねません。

では、自信のない人には、どうやって自信を持たせたらいいのか？

九重さんは、ご自分の体験談を披露しながら、そのヒントをくださいました。

「やはり、力士にとって、一番自信になるのは勝ち星です。でも、勝てないときもありますから。そんなときに自信になったのは、親方の言葉でしたね。

場所中は、序ノ口とか序二段の取組って、朝早いんですよ。8時半とかから相撲取るんです。だから、俺の相撲なんて、親方は見ていないだろうと、思ってたんです。

ある日、部屋に帰ったら親方が『いい相撲取ってたな』って、ほめてくれました。『え、親方、見ててくれたんですか？』って聞くと、『当たり前じゃねえか』って。もう、しびれましたね。見てもらえた、気にかけてもらえたってことが自信になるんです。

それと、ちょっといやらしいんですけど。九重部屋って、やはり有名ですから、その部屋にいるってことがもう、俺には自信になっていましたね。だって、一般の人が知らない部屋もたくさんありますから。そんな多くの部屋がある中で、北の富士、千代の富士、北勝海の3人の横綱が出てるのは誇りです。うちの稽古はめちゃくちゃ厳しかったですけど、『俺も稽古すれば強くなれるんだ』って、前向きに挑める。すると今度は、その稽古量が自信につながっていく。『これだけ稽古したんだから、俺は負けるわけがない』って。

自信って、そうやってつながっていくものだと思うんです」

9割以上の選手は夢破れて去っていくという現実

なるほど。たしかに〝自信の種〟は、いろいろなところにあると言えそうです。

しかし、プロの世界の難しさ、厳しさは、自信が継続しづらいところにもあるのではないでしょうか？　たとえば、今日は打てても、明日は打てるとは限らない。今日は勝っても、明日は負けてしまうかもしれない。そうすると、芽生えた自信も吹き飛んでしまいかねません。そもそも、活躍できる人のほうが、圧倒的に少ない世界なのです。

たとえば、アメリカの野球の場合、マイナーからメジャーに昇格できる選手は1割以下と言われています。つまり、9割以上の選手は夢破れて去っていくわけです。

相撲界はどうなのでしょう？　九重さんは、次のように話します。

「力士の中で、関取（十両より上）になれるのは、およそ1割と言われています。たしかにすべての部屋を合わせると、力士の総数はおよそ７００人で、関取は70人と決まっています。計算すると、ぴったり1割になりますね。つまり10人に1人です。その他の9人は、関取になれないまま引退していくわけです」

活躍できる人が1割で、活躍できない人が9割。この現実だけ見ても、やはりかなり厳しい世界だと言わざるを得ません。これに関して、九重さんは言います。

「なので、俺たち親方は、力士が相撲を辞めた後のことまで考えないといけないんです。ちゃんこ屋さんをやらせてあげたり、整体師の免許を取らせたり。力士はケガがつきものなんで、痛みとか気持ちとかわかるんですよ。体も大きいし体力もあるから向いています。あとは、後援者の方に、職業の面倒を見てもらうこともありますね。

でも、彼らは心の中では、複雑だと思いますよ。実際、俺も弟子にこう言われましたよ。『どうせ、僕たちは捨て駒なんで。強くなれなかったら、辞めた後、僕らのことなんて思い出してもくれないでしょう』ってね。グサッときましたね。

俺はそのとき、後援会のリストを手にして、こう言ったんです。

『もちろん、出ていくのは勝手だよ。だけど、うちの部屋を応援してくれる人がこれだけいる。その人たちは、みんなお前たちの頑張る姿を見て、応援してくれているんだ。いつも、声かけてくれるだろ。九重部屋で10年、まじめに頑張ったら、どこに行っても通用するよ。3年や5年なら、見向きもしてもらえないかもしれない。でも、10年やったら〝それはたいしたもんだ〟って言って、受け入れてくださるよ』と。

そこで、自信になるんですね。『そうか。腐らずに続けていくことで、自分も一人前の人間として認めてもらえるのか』と。だって、本当にそれはすごいことですから。厳しい相撲界で、お金ももらえない相撲界で、ひたすら努力することって、生半可なことじゃないんです。それを自信につなげてあげることは、俺たち親方の責任だと思います」

いつ咲くか、どう咲くかは、人それぞれ

厳しい世の中を生き抜く自信――。

これは、とても大切なことだと思います。甘い言葉を並べても、力はつかない。もちろん、厳しくすればいい、と言いたいわけではありません。しかし、厳しい世界でやったということは、やはり自信になることは間違いありません。

九重さんは、さらにこんな話もしてくれました。

「俺は、何人も部屋から逃げた人を見てきました。でも、それは仕方なかったと思います。誰だって逃げたくなんかないですよ。故郷では期待されて送り出されて、自分だって『やれる』と思って、夢を持ってこの世界に入ってきたわけですから。

でも、3年くらいやると、だいたいわかるんですね。18歳で入門して、3年経ったら、関取衆になってなきゃいけないです、本来なら。遅い子でも25歳。力士生命は34〜35歳までと言われていますから、逆算すると、そうなるんですね。力士もそれは知っていますから『自分はムリかな。届かないかな』というのは、自分でもわかるんです。

それを自覚したときに、どうするか？　やはり、決断は自分でするしかないんです。

うちの部屋に千代栄っていう33歳の力士がいるんですけど。32歳で初めて十両になったんですね。戦後4番目のスロー出世です。いまが一番強いんです（笑）。

その千代栄は、じつは十両に上がる1年前に『親方、俺、辞めようと思います』って言ってたんですよ。でも、俺は止めました。『いま辞めたら悔いが残るんじゃないか？』って。

栄が、自分の殻を破っていない気がしてたんですね。俺はもっとできるって思ってたし、栄自身も、自分の殻を破れなくて苦しんでいたのが見ていてわかったんです。だから『もう1年だけやってみようぜ』と言って、活も入れた。そしたらパーンと上がって（笑）。33歳でピークですよ（笑）。まあ、珍しい例で、前例はないんですけど。

みんな我慢して……ていうか、もがいていて、5年やって、6年、7年、8年やったって『俺は関取になれないかも』ってわかっていながら、でも、腐らずにやり続ける。それは、次のステップに行ったときに、必ず活きると思うんです。

だから、うちの部屋には〝料理長〟とか〝掃除長〟とかがいます。『お前たちの得意なことを活かそう』と言って、設けた役割です。〝ちゃんこ長〟（料理長）なんて38歳ですよ。現役の力士です。番付は序二段だから下から2番目なんですけど、みんなの栄養を考えて、うまいものを食ってもらいたいって、一生懸命に料理している。ありがたいですよ。うちではもう、関取衆より大事なポジションです。

関取になる夢はあきらめたけど九重部屋のために尽くして、先代から受け継いだ精神をつないでいく覚悟を決めたんだと思います。『相撲だけじゃないんだ。人間をしっかり成長させるために、この部屋で自分を鍛えるんだ』と。いつか彼が部屋を辞めるときがきたら、と考えるとつらいですね。先代から引き継いだ九重部屋を心底愛しているのを知ってるから。

本人には言ったことないけど、ずっと愛する場所にいてほしいと思ってます」

江戸の大関より地元の三段目。強いだけじゃない魅力

スポーツ界、とくに格闘技の世界では、「強い者だけが唯一正義」というイメージがありますが、九重さんの話は、深く心に沁みました。

関取になれない力士がなぜ部屋に残り、十分な給料をもらえない中でやっているのか、その意味が少しだけわかりました。

九重さんが、ふたたび話してくれました。

「〝江戸の大関より地元の三段目〟って言葉があるんですよ。みんな田舎に帰ったときには、江戸の大関よりも人気があるんですよ。

地元に帰ると『あなた成長したわね』とか『立派になったな』とか言って、みんなが讃えてくれるんです。そこで初めて『ああ、自分は成長できたんだ』と気づくんですね。だから力士は辞めないんだと思います。応援してくださる人、ファンの人がいることを知っているから長く続けられる。その人たちのためにも、半端なことはできない。踏ん張んなきゃいけないって。自分以外の人の存在が〝力〟になるんですね」

工藤さんも、九重さんの話に賛同し、王監督の例を引き合いに出してくださいました。

「王監督も、常にファンの人たちの話をしてましたね。『プロ野球はファンあってのものなんだ』とか『プロ野球はファンに支えられて成り立っている』とか『俺たちはそのファンに喜んでもらうために勝たなきゃダメなんだ』とか、もう熱く語るんです（笑）。

私がダイエーに移った当時の話をしましたけど、そういう体《てい》たらくですから、いくら監督が熱く話しても、選手にはイマイチ響いてないんです。『いや、ファンより自分だろ』みたいな。だったら、自分のために必死になればいいのに、それさえしない。

でもまあ、私も当時は、王さんの話を本当には理解できていませんでしたね。その真意がわかったのは、自分が監督になってからです。やはり視野が広がりました。というか、視野が広くないと、監督はできないです。

プロとは何か？ ということをもう一度、自分の中でひもといていったんです。そしたら『やっぱりファンあってのプロ野球だ』ってことに行き着いたんです。

ファンの方からお金をもらい、応援してもらって、勝ったら泣いて喜んでくれて、負けても励ましてくれて、その人たちがいなきゃ私たちは野球できないんですよ。スポンサーの方や企業の方も、みなさん野球好きばかりなんです。監督やって、それが改めてわかったんです。だからそれを伝えるのも、監督の仕事なんだって思いました。

〝ファンのため〟って選手もわかってるんですよ、頭では。でも、やっているうちに、やはり忘れてしまい、どんどん自分中心になってしまう。世界が狭くなってしまうんですよ。

それが慢心につながっていく。聞く耳を持たなくなる。先ほどの〝妥協〟の話もそうですけど、やはり、心にそうした〝ゆるみ〟があると、崩れやすくなってしまうんです。微差が大差になり、気づいたときは手遅れなんてことにもなりかねない。だからこそ、指導者は微差のうちに修正すべきなんですけど、これがなかなか難しいんですね」

ゆるみは言葉に表れる

ところで、微差はどんなところに表れるのでしょうか?

工藤さんは、「言葉に表れやすい」と指摘します。具体的にお話しいただきました。

「たとえば、選手がキャンプで投げます。最初は〝ここに投げる〟って思って投げているのに、そこにボールが行かない。すると『まあ、3球に2球行ってるからいいよな』なんて言ってる。そういう発言を聞くと『ん? ちょっと待てよ』と思っちゃいますね(笑)。

おそらく、その選手の頭の中では、ちょっとした変化でしかありません。『去年頑張ったし、今年はまだ調子が上がってないだけだ。開幕までにはなんとかなるだろう』なんて思ってるんです。だから、本当にそうなのか、私は観察するんです。その選手のピッチングだけじゃなく、ランニングとか、守備練習とかも見に行きます。で、真剣にやってる姿が見えればOKなんですけど、そこにもゆるみが見えるなら危険信号ですね。

そんなときは、すぐに伝えるようにします。

ちょっとしたゆるみや変化って、本当に自分では気づかないんです。だからこそ、私たちのような指導者が必要なんだと思います。外から観察しなきゃ微差はわかりませんから」

微差の3タイプ。あなたはどれ？

たしかに〝微差〟というのは、本人には気づきにくいものです。人間はどうしても、自分には甘くなってしまいがちですから。

これに関して、私は、三つのタイプがあると思っています。

①微差に気がつく人
②微差に気がつかない人
③微差に気がついても無視する人

①は、常に自分を厳しく律している人と言えるでしょう。自分を常に一定の高い水準で維持しているので、ちょっとした違和感にも「何か違う」と気づけるのです。

②は、ある意味〝一般的な人〟かもしれません。毎日は不確定要素に満ちていますし、人間はあらゆることを忘れながら生きている動物です。悲しみを忘れ、痛みを忘れ、自分に都合の悪いことを忘れ……忘れることによって心の平静を保っているとも言えます。微差に気がつかないのも、自分を守るための安全弁と考えることができます。

③は、評価が分かれそうです。微差に気づくわけですから、感度は高い人なのでしょう。

問題は、なぜ無視したのか？　という点です。何らかの考えがあってのことなら問題はありません。「面倒だから」とか「小さなことだから放っておいても大丈夫と思った」というのなら、微差を大差にしてしまう危険性があります。

勝ちと油断。勝ち続けることは難しい

工藤さんは、こんな話もしてくださいました。

「連覇って難しいんですよ。なぜか？

ひと言で言うと、油断です。私たちは強いぞ、最強だぞって思うと、オフに練習しなくなるんです。もちろん口には出しませんよ。でも、心の中で『メンバー同じだし。あと1、2年は大丈夫だろう』って思ってしまう。この油断が最終的にチームを勝てなくするのです。

西武の黄金時代、日本シリーズの後に納会があり、必ず最後は監督やオーナーがこう言います。『はい、今年はこれで終わり。来年のために、いまからスタートだ。他の球団は秋に死に物狂いでやってるぞ。君たちはすでに出遅れてるんだ。気を引き締めていけ』と。

でも、私たちは日本シリーズを戦い抜いて疲れてるわけです。だから『何が後れをとってるだよ。終わったばかりじゃん。ちょっとは休ませてくれよ。大丈夫だよ』って。

そう思うのも仕方ないんですけど、だけど、その『大丈夫だよ』が、大丈夫じゃなくなるのです。ほんのわずかな微差が勝敗を分けているのが、プロの世界なのです」

工藤さんが監督時代には、こうした檄《げき》を選手に飛ばしていたのでしょうか？　工藤さんは、こんなふうに答えてくださいました。

「私は言いませんよ（笑）。だって、言ったところで、選手はそんなこと思ってるはずがないので。だから、話したって右の耳から左の耳に抜けていくだけなので（笑）。

　これをやれと言っても、本人にその気がないならやりません。だからこそ、見守ることや観察することが大事なんです。『君がいいときはこう』『でもいまはこういう悪い状態だよ』と示してあげる。そのうえで『で、どうする？　直したいなら、こういうやり方がある』と方法や理由を説明する。聞く耳を持たないうちに教えても、入っていきません。

　ましてや、天狗になっている選手に注意しても聞くわけがない。本人は油断しているつもりはありませんよ。でも、自然にゆるむんです。だから、勝ち続けるのは難しいし、好成績を何年も続けて上げるのは難しいんです。

　私が見守るのは、このためです。そして、コミュニケーションをとって対話を重視するのも、このためです。やはり、そうやって心が通じれば、見えてくることもあるし、こちらの意図も伝わりやすくなりますから。何より選手のモチベーションが違いますよ。

みんな〝かまってちゃん〟ですからね（笑）」

「察しろよ」は通用しない

なるほど。最長に近い選手生命を全うし、7年の監督時代にリーグ優勝3回、日本一に5回導いた工藤さんの言葉には、リアルな重みがあります。

私も、対話の重要性については実感しています。心身統一合氣道会は、全国に400人以上の指導者がいます。指導者の質を維持するのは並大抵ではないのですが、やはり大事なのは、「氣が通う」ことです。

全国を回り、目を見て話して、一緒に稽古をすることで氣が通います。すると、ちょっとした異変にも気づきます。ふだんは溌剌《はつらつ》とした氣を発している人に、陰りがあればすぐにわかります。「どうしましたか？」と声をかけると、「じつは……」と胸の内を聞かせてくれます。こうやって、私たちの組織は成り立っているのです。

私のスケジュールの半分は、このように使っているわけですが、これはとても重要なことで、やはり欠かすわけにはいきません。氣が通うことで組織は健全になるのです。

私が、このような話をすると、九重さんが面白い話をしてくださいました。

「やはり、コミュニケーションって大事ですよね。俺、妻ができてよくわかったんですけど。相撲界って、『言わなくてもわかるだろ』っていう世界なんですね。『俺の背中を見て育ったんだから、言わなくてもわかるだろ。目の動き一つで察しろよ』と。ちゃんこ食べてて『醤油がほしいな』って思うと、若い衆がサッと醤油を差し出してくる（笑）。でも、ふつうはそうじゃない。結婚して『言わなきゃ伝わらないんだ』って学びました（笑）。『あなたがしてほしいことは、言葉にしてくれないと、私にはわかりません』とピシャッと言われました。しかも『何かをしてほしいなら〝やれ〟じゃなく〝お願いします〟でしょ』って。怖いんですよ、うちのおかみさん（笑）。

俺が親方になったときも、『いままでやったことがないこと（前例がないこと）が、正しいことだと思いなさい』って言われて。『相撲界の常識は世間の非常識ですから』って、もう容赦がないんです（笑）。さっき話した、階段の段差を低くしたり、お膳の高さを変えたりっていうのも、正直に話すと、妻のこのひと言があったからです。

若い人たちとちゃんと話しなさいって。ただでさえ、若い衆はあなたを見て怖いと思ってるんだから、って言うんです。俺は『そうなの？　俺って怖いんだ。うん、それは睨みがきいていいな』って笑ってたら、『あんた、ばかなの』と怒られました（笑）。だから、俺も変わりましたよ。いままでは『飯行くぞ！』なんて言わず『ごはん、食べに行こうか？』だし、『うまいだろ！』じゃなくて『おいしいよね』ですから（笑）。おかみさんが『やったことないことをやりなさい。言ったことないことを言いなさい』って言うから、そうしてるんですが、これが結構、良いみたいです。

後援会の人たちからも『お前、変わったな。現役のときは近づき難い雰囲気だったけど、いまはいい。これなら、みんながお前を応援したくなる。力士も居心地がいいだろう。よく頑張ってるよ』と、ほめてくれます。すると、うれしくなるし、自信にもなる。

やっぱり人間は、ほめてもらうと伸びるって、本当なんですね（笑）」

試合中、笑顔でいられるのは妥協がないから

鼎談の途中、お互いに笑いあったのですが、工藤さんにとっての広岡さん、九重さんにとっての千代の富士関、私にとっての藤平光一、それぞれに「鬼」がいたという話に

なりました。３人の心の中には、鬼がいます。大事なことは決して妥協しないし、迎合もしない。やるべきことは、やり切るまで絶対に許してもらえない。

ただし、それは振り返ってみれば「仏」であったということです。要するに仏も鬼も実体は一つ、そのとき、そのときで愛情の見え方が違っただけです。

それを心得ておくだけでも、育成される側も受け取り方は変わってくるかもしれません。

九重さんはこう言います。

「プロの世界であれだけ勝ち続けた工藤さんには、絶対に鬼がいると思っていました」

工藤さんはこう応えます。

「いませんよ、鬼なんて（笑）」

そしてこのように続けました。

「練習では絶対に妥協しません。でも、選手は試合中、笑顔です。なぜ、笑顔でいられるのか？　それは、一つ一つのプレーに妥協しないからです。

たとえば、９回裏、１アウト満塁。同点なので、ランナーが還ったらサヨナラ負けの場面。内野手は捕球したら、ホームに送球します。アウトにできるか、セーフにしてしまうかは、本当に０・０何秒とかの差です。タッチの仕方も含め、微妙な差で決まる。足にタッチできたらアウトだし、胴にタッチしに行ったらセーフになります。

野手の送球が、捕手の左膝の位置にピタリと返ればアウトにできるし、頭の位置に返ればセーフになる。本当に微妙なんです。

守備練習を妥協せず、どんなボールでも捕球後すぐに捕手の膝元に投げる、という練習を丹念にくり返しているチームは、ここで力を発揮できます。リラックスできるからです。

ピッチャーは、野手が鍛錬していることを知っているので、リラックスして、ゴロを打たせるコースに投げられる。捕手も、安心して、そこに構えられる。野手もそれに応じた守備隊形を敷き、リラックスした状態で構えられます。

その結果、間一髪でアウトにできるのです。これが妥協をせず、厳しい練習を積み重ねた結果です。選手たちは『イェーイ！』と大声ではしゃぎながら、ベンチに帰ってきますよ。

妥協をしなかったから、笑顔でいられるのです。

ところが、練習で妥協したチームは、こうはいきません。硬い表情をしていると、全身の筋肉も強張っていますから、返球が高めに浮いたりして、そのわずかな差で点数が入ってしまう。ピッチャーも同じです。リラックスできていないと、ボールが高めに浮きます。そこを狙われて、ヒットを打たれてしまう。結果、サヨナラ負けとなってしまうのです。

何かに〝こだわる〟というのは、決して暗くなるということではないんです。それは明るくてもできること。ただ、そこの中に、プロとして絶対に妥協しちゃいけないものがあると思いながら、私はやっています」

いざというときに力を発揮するためには

最後にちょっと、私個人の話をさせていただきます。私はいまでこそ人前に出て指導もするし、テレビなどにも出演させていただいたりしますが、子どもの頃、極度の緊張しいでした。なのに、どういうわけか小学校の卒業式で、代表で壇上に上がり、記念品を受け取る大役を仰せつかってしまったのです。

案の定、緊張して、壇上でうまく歩けなくなりました。右手と右足が同時に出て、それを直そうとして余計にヘンな歩き方になる。全校生徒からドッと笑いが起きて、それがトラウマになりました。以来、本番で力を発揮できなくなりました。試験にも弱く、いざというときは、ことごとく失敗する。いまでは「合氣道は持てる力を発揮するためにある」と言っていますが、その弱さが私の原点にあると思っています。

では、何が私を変えたのか？　それは師匠でもある父のひと言でした。

あるとき、父に呼ばれて、聞かれました。

「お前は、いざというときに強いかどうか、自分ではどう思っているんだ？」と。

私は正直に「自分は弱いです」と答えました。すると、父はこう言ったのです。

「お前がそう思っているなら本当に弱くなるぞ。わしの目から見ると、お前はいざというときに、きちんとやり遂げられる人間だ。いま、それができないのだとしたら、訓練が足りないだけだ。わしの言う通りやってごらん。必ずできるから」

もちろん、いきなりよくなるはずはありません。しかし、姿勢を整えたり、呼吸を静めたり、緊張感との向き合い方を覚えたりなど、さまざまな稽古を一つずつ重ねるごとに、少しずつよくなっていったのです。最も重要なことは具体的な訓練にあり、だからこそ誰でもできるようになります。考え方や精神論だけでは解決しません。

いま、同じ質問をされたら、「自分は、いざというときに強いです」と即答します。これまで積み重ねてきた訓練により確信できます。また、こう答えることでさらに強くなります。

つまり、人間は自分の思うようになれるということです。

できなくさせているのは自分、できるようにするのも自分なのです。

指導者の役割は、「できない」と思っている人に、「持っている力を出せばできるよ」と教えてあげること。父は私に、それを実体験として授けてくれたのでした。

人間は歯車になりえない

さて、いまでは野球人口は減少傾向にあるそうです。力士になろうという人も減っていると聞きます。そんな中、工藤さんも九重さんも、選手や力士の一人一人を大事にされているように感じます。

一人一人を大事にする、というのは全体の中で見れば〝小さな取り組み〟かもしれません。しかし、それは全体の発展につながっていくことだと思います。

九重さんが、熱い口調で、次のように話してくださいました。

「人間は消費財ではありませんよ。よくサラリーマンの人が言うでしょ。『俺たちは歯車なんだ』って。絶対にそんなことはないし、上司はそんなこと言わせちゃいけないですよ。

俺は、俺の部屋では、そんな風に言う力士は出したくないです。

一人一人の可能性を信じ、そいつの中にある〝特性〟にスポットを当てる。そうやって個々の能力や魅力を引き出しながら、一人一人を活かしていく。すると、その一人が次の一人につながる。こうやって、次へ次へと継承されていく。部屋ってそういうもんだと思うんです」

なるほど。そのように大局を見据えて、指導しているところにも、工藤さんと九重さんの共通点があるようです。そして、私も同様のことを考えています。

工藤さんが、九重さんの話を受けて、話を展開してくださいました。

「プロ野球や相撲だけでなく、またスポーツ界だけでなく、エンタメ界をはじめ、さまざまな分野、企業においても、いまは新旧の〝過渡期〟なのかもしれませんよね。価値観ややり方がガラリと変わる中で、何が正解なのか、迷いを抱えている人も多いと思います。

でも今回、こうやって話す中で、ちょっとわかってきたことがあります。

それは、継承についてです。継承とは、看板を守ることでも、築かれた伝統を守ることでもなく、人を守ることなのかなって。そんな風に思いましたね」

継承とは看板を守ることではない

工藤さんのご指摘は、さすがのひと言です。

人を大事にすることで、結果として、看板や伝統も受け継がれていく。その過程では、看板や伝統は形を変えていくことでしょう。人や時代に合った形に変わっていくのは当然のことです。

そして、人を守るためには、育成の仕方やコミュニケーションの方法が変化していくこともまた、当然のことです。

現代はそうした変化の過渡期にある、というのも工藤さんが言われた通りなのだと思います。季節が移り変わるときには、目に見える変化が生じることは、天地自然が教えてくれています。植物が葉を落として冬に備えたり、花を落として実や種を宿したりするのも、その一つです。

昨今の不祥事や、深刻なハラスメント被害は、私たちに「何が大事なのかを考えよ」と、伝えてくれているようにも思うのです。

「選手ファースト」が〝何でもあり〟では、組織は迷走します。かといって「絶対君主」による〝独善的で専制的な支配〟でも、組織は硬直化し、暴走します。

我欲や目先の利益にとらわれたり、伝統や看板に固執したりすれば、人も組織も破綻するということを、事象として見せてくれているような気がするのです。

九重さんが、明るく言ってくださいました。

「明日のことはわかりませんよ。俺が部屋を改革しても、うまくいかないかもしれません。九重という伝統ある部屋を継承しましたけど、何もしなければ古くなるだけです。だから変わっていく。

で、それは、一人一人を大切に活かしていけば、自然に変わっていくのだと思います」

九重さんの言葉に、工藤さんは応えました。

「その通りですよね。相撲部屋だけでなく、どんな組織も、一人一人がつくっていくものですからね。人間がつくっていくものですから。だからこそ、まずはその人間を大事にする。

教育や指導に、いま求められているのは、そんな当たり前のことなのだと、改めて思いますね。実際、私が監督時代にやったことは、それでしかありません。しかも、監督の仕事なんて、正直言うと、グラウンドは2割です。見えないところをどう見るか。私たちが育てているわけではなく、選手が自分で育つのを見守るんです。

よく言われることですが、親という字は『木の上に立って見る』と書きますよね。傍観しているわけではありません。愛情を持って、ハラハラしながらも辛抱強く見守っているんだと思います。その子が自立できるよう、どんな環境でも生きていける強さを持てるよう、祈りに似た気持ちを抱きながら。私も親になって、親の気持ちがわかりましたよ。また、監督になって、広岡監督や王監督が言っていたことの本当の意味が理解できたような気がします。私は跳ね返りなところもあるんで、見守るのはちょっと大変だったと思いますけど（笑）。愛情がなきゃできないですよ」

遅咲きの千代栄、立ち居振る舞いががらりと変わった

九重さんも、大いに賛同して、工藤さんの話を継いでくださいました。

「さっき、遅咲きの千代栄の話をしましたけど、十両になって立ち居振る舞いが変わりました。人間として成長したんです。土俵で泥だらけにもなるけど、外で会う人も増えます。関取になると、いろいろな方と食事をしたり、話を聞いたりする機会が増える。

それが心の栄養になるんです。すると、不思議と相撲も強くなる。もちろん、人間的にもまだまだで、十両ですから、小結から見たら未熟ですよ。小結も関脇から見たら、まだまだ。その関脇だって、大関とは違うし、横綱とは全然違うんです。

その大関、横綱だって、急に強くなるわけじゃない。やはり、いろいろな人と会っていろいろなことを吸収したから強くなるんです。自分自身をトロフィーにして、強くなっていくんですね。自信が自信を呼んでいく。自信を維持するためには、自分により厳しくする。

だから、工藤さんが言った『グラウンドは2割』って言葉、俺は本当によくわかりますよ。相撲の師匠も2割です。8割は他が教えてくれます。

というより、吸収して、自分で強くなっていくんです。監督がいない、師匠がいない間に強くなるんですよ。弟子は、いろんなところで心と体の栄養をもらって強くなる。俺も師匠がいないところで強くなった。師匠の千代の富士も、先々代の九重（元横綱・北の富士）がいないところで強くなったんだと思いますよ。ウルフスペシャルだって、藤平さんの師匠の技を見て覚えたものなんですから。そういうことなんです。

だから、やはり結局は、人間なんですよ。監督や親方がコントロールするわけではない。人間が育つのを見守ることができる人が、監督や親方なんです。企業や他の組織のことはわかりませんが、やはり同じなんじゃないですかね。人間が人間と付き合うわけですから。

『こいつを信じよう』と思えるかは、そいつの人間性です。ごまかさずに自分の弱さと向き合って稽古に励むやつを俺は信じたい。俺の師匠もそうだったと思います。そんな信頼関係の中で、俺は力を発揮できたわけです。また同じような話に戻っちゃいましたね（笑）」

人間は天地自然の一部である

ロサンゼルス・ドジャースのマイナーリーグで合氣道の指導をしているときに、一人の選手と出会いました。この選手はフィジカルにも野球の才能にも恵まれていましたが、ここ一番という場面で力を発揮できませんでした。本人の話によれば、お祖母様に愛情いっぱいに育てられたそうで、そんな大事なお祖母様がシーズンの途中で亡くなってしまいました。春期キャンプで再会して、さぞ落ち込んでいるだろうと声をかけたところ、それまでとは異なり、自信に満ち溢れた顔をしていました。理由を尋ねると、「祖母は亡くなりましたが、いまでは自分の近くで守ってくれていますから」と応えます。ああ、なるほど。人間は「孤」になると力を発揮できなくなりますが、大いなる力で守られていると実感を持てると、信じられないような力を発揮できます。実際に、この選手はチャンスに強くなりました。

日本では大いなる力というと「怪しい」「関わりたくない」と感じる人が少なくありませんが、海外で指導していると、祈りが日常の中の一部になっているのを感じます。神に感謝を捧げるスーパーアスリートも多くいます。それぞれが信仰する神があって、大いなる力で守られていると感じ、そして感謝を捧げています。

人間は本来、天地自然の一部の存在です。天地自然と一体になっていることを心身統一合氣道では「氣が出ている」といい、持っている力を最大限に発揮できる状態です。他方で、天地自然とのつながりを失い、「孤」の存在に陥ると、不安になり力を発揮できなくなります。氣が出ていることこそ、最も重要なのです。

　そして、それは愛情をかけてもらう（もらった）人とのつながりでもあります。師匠の藤平光一は二〇一一年に91歳で亡くなりました。亡くなってからのほうが、いつも近くに感じています。振り返るとあれほど厳しかった指導も、すべて私の幸せを願った愛情であったことを感じています。

　九重さんは、最後にこう話してくれました。

「親方は61歳で亡くなりました。早すぎましたね。でも、いまでも見守ってくれてるから」

あとがき

本書は、工藤さん、九重親方と話し合った結果、鼎談の内容を私がまとめる形式を取りました。

最後に、鼎談を通じて私が感じたことを読者の皆さんと共有したいと思います。

「時代と共に、人が変わった」という言葉を多く耳にします。いまの若い人は精神的に弱くなったから、昔のような育成方法は通用しない。だから自分が変わらなければいけない。そう考える人も少なくないのではないでしょうか。

私の考えは少し異なります。人の本質はそう変わるものではありません。いまの人も、昔の人も同じ「人間」なのですから。嬉しいことは嬉しいし、悲しいことは悲しい。そして、人は愛情があってこそ育ちます。それが親の愛情なのか、先生の愛情なのか、あるいは師匠の愛情なのか、さまざまですが、愛情をかけるのが人間ならば、愛情を受けるのも人間。時代の変化も人の変化も関係ありません。

現代社会で問題になっている「ハラスメント」は、人の尊厳を傷つける行為です。愛情とは正反対のものです。昨今のハラスメント対策は「こういうことを言ってはいけない」「こういうことをやってはいけない」という対症療法に陥り、ハラスメントにならないようにと過度に怖がって、本来すべきことをできなくなっています。なぜハラスメント行為に至るのか、その本質を理解する必要性を感じています。私はハラスメント行為が生じる原因は人間としての敬意の欠如であり、同時に、人間としての愛情の欠如だととらえています。

「ゆとり世代」「さとり世代」などと、異なる年代に育った人が分類されることがあります。もちろん、その分析によって得られるものも確かにあることでしょう。他方で私は、人材の育成において、そういった分類を意識したことは一度もありません。どの年代でも人間は一人一人、その性質は異なり、一括りにすることはできないからです。誰かから「あなたはこういう人間だ」と勝手に分類されたら、どのように感じるでしょうか。きっと、「自分のことを見てもらえていない」と感じることと思います。私は、育った年代によって境界線を引く行為こそ、相手を理解できなくなって不安に陥る元凶だと考えています。

本書の中で、厳しい指導について話題に上がりました。それは「どのくらい厳しくしてよいか」というさじ加減の話ではなく、育成する相手に本当に愛情を持って接しているか、です。工藤さんと九重さんに共通して感じることは、選手や力士に心からの愛情を持っていることです。常に結果を求められる厳しいプロの世界にありながら、一人一人の選手や力士の幸せを願い、自分にできる精一杯のことをしているだけです。自分が受けた育成方法にこだわることなく、どうしたら相手が成長するかを考え、育成方法を常に模索しています。ゆえに、変わるのが当たり前であり、「変わらなければいけない」と身構えることもありません。

時代が変わっても、社会が変わっても、育成とは人と人の間の化学反応なのですから、「人としてどうか」という価値基準で育成に臨めば、確固たる信念を持って突き進んでいける、そんなことを感じた鼎談でした。

心身統一合氣道の創始者である藤平光一がまとめた「氣の指導の五原則」があります。

氣の指導の五原則
一、自他共に栄える精神
二、謙虚であること
三、強さを論ぜず正しきを説く
四、公平に教える
五、プラスであること

人を導く立場にある指導者やリーダーの皆さんに役立てていただけたら幸いです。

結びに、私の活動を少しだけ紹介させてください。
心身統一合氣道は「心身統一道」に基づいた合氣道です。心身統一道は人間が本来持っている力を最大限に発揮することを目的としています。本書で紹介した自然な姿勢、そして呼吸を静めることなどは心身統一道の稽古の一部です。ロサンゼルス・ドジャースでの「氣のトレーニング」も同じです。ここ一番で強くなりたいというアスリートに大変役立ちます。古くは、不断の努力で一本足打法を身に付けた野球の王貞治さんにはじまり、多くのアスリートが心身統一道を鍛錬しています。また、多くのビジネスパーソンも学んでいます。

アスリートや音楽家の方は、合氣道の稽古だから「手首などにケガをするのでは」と躊躇するかもしれませんが、心身統一道の稽古ではそんなことはまったくありませんので、ぜひ体験にお越しください。

本書の発行にあたって尽力をいただいた編集者の木田明理さん、山城稔さんに心から感謝を申し上げます。

二〇二四年二月

藤平信一

著者略歴

工藤公康《くどうきみやす》

一九六三年、愛知県生まれ。一九八二年、西武ライオンズに入団。以降、福岡ダイエーホークス、読売ジャイアンツ、横浜ベイスターズなどに在籍し、現役中に十四度のリーグ優勝、十一度の日本一に輝き、優勝請負人と呼ばれる。二〇一五年、福岡ソフトバンクホークスの監督に就任。退任までの七年間で日本シリーズを五度制覇。

九重龍二《ここのえりゅうじ》

一九七六年、北海道生まれ、大分県出身。元大関・千代大海。二〇一六年八月二日に第十四代九重を襲名。現役時代は先代九重親方でもある大横綱・千代の富士を師と仰ぎ、幕内最高優勝三回。大関在位六十五場所という、長い大相撲の歴史の中で歴代一位タイの大記録を持つ。

藤平信一《とうへいしんいち》

一九七三年、東京都生まれ。藤平光一より指導を受け、心身統一合氣道を身に付ける。現在は心身統一合氣道会の会長として、国内外で指導、普及に努める。また経営者・アスリート・アーティストなどを対象に人材育成にも携わる。二〇一〇年から米国・大リーグのロサンゼルス・ドジャースで選手・コーチを指導。ＮＨＫ総合「あさイチ」をはじめ、メディア出演多数。

幻冬舎新書 719

活の入れ方

二〇二四年二月二十日 第一刷発行

著者 工藤公康＋九重龍二＋藤平信一

発行人 見城 徹

編集人 小木田順子

編集者 小林駿介 福島広司

発行所 株式会社 幻冬舎

〒一五一－〇〇五一 東京都渋谷区千駄ヶ谷四－九－七

電話 〇三－五四一一－六二一一（編集）

〇三－五四一一－六二二二（営業）

公式HP https://www.gentosha.co.jp/

ブックデザイン 鈴木成一デザイン室

印刷・製本所 株式会社 光邦

Printed in Japan ISBN978-4-344-98721-0 C0295

く-15-1

＊この本に関するご意見・ご感想は、左記アンケートフォームからお寄せください。

https://www.gentosha.co.jp/e/

幻冬舎新書

二宮清純

森保一の決める技法

サッカー日本代表監督の仕事論

「僕は単なる決める係」――だが森保一の決断は驚くほど速い。非カリスマ型の新リーダーは、いかにZ世代の若者達を勇者に変えたのか？　２０２２年ＷＣで躍動し、今も進化を続ける秘密とは？

五木寛之

シン・養生論

あす死ぬとわかっていても、するのが養生――。「歩行は足指10本をフルに使って」「誤嚥を防ぐ嚥下のコツ」他、90歳の壁を越えた現役作家が今も実践する㊙健康法。未来を創るケアの肝とは。

和田秀樹

ぼけの壁

老後の幸せを左右するのは「ぼけ＝脳の老化」。でも恐れる必要はない。認知症と老人性うつのメカニズムを正しく知れば、ぼけが始まっても脳は簡単には衰えない。老年医学の第一人者による健脳の処方箋。

清水忍

ロジカル筋トレ

超合理的に体を変える

なぜここを鍛えるのか、なぜこのフォームか。あなたは目的に合致したフォームや回数を論理的《ロジカル》に考えてトレーニングしているか。わかりやすいイラストと解説が筋トレ効果を最大限にアップする！

幻冬舎新書

西山耕一郎

誤嚥性肺炎で死にたくなければ のど筋トレしなさい

毎年4万人の命を奪う誤嚥性肺炎。原因は40代から始まる、のどの衰え。加齢によって低下する「飲み込む力」を鍛えるためのトレーニングから、誤嚥しにくい食べ物、生活習慣まで徹底解説する！

本間生夫

すべての不調は呼吸が原因

呼吸は1日約2万回。その質が悪いと自律神経が乱れ免疫力が低下し、臓器の働きも鈍化するなど心身のあらゆる不調を引き起こす。「呼吸力」を鍛えることで健康寿命は10年延ばせる！

桜井章一　藤田晋

運を支配する

勝負に必要なのは、運をものにする思考法や習慣である。20年間無敗の雀鬼・桜井氏と、「麻雀最強位」タイトルホルダーの藤田氏が自らの体験をもとに実践的な運のつかみ方を指南。

岡田彰布

動くが負け
0勝144敗から考える監督論

決して自分から先には仕掛けず、相手の作戦を察知してから采配を振るう。勝つためには常に最悪の展開を想定し、「完璧な準備」をしておけばいい。マイナス思考でプラスの結果を引き出す、究極の戦術。